BASICS OF PARK GOLF
파크골프의 기초

COURSE & RULES
코스와 규칙

SWING & TECHNIQUES
스윙과 기술

HEALTH & JOY
건강과 즐거움

파크골프의 정석

파크골프 스마트하게 시작하고 품격있게 즐기기

장명훈 송지영 이순영 정하진 김창환 저

도서출판 보성
BOSEONG

머리말

'우리 뭐할까?'

'뭐 재미있는 거 없을까?'

클럽 하나만 들고 가까운 공원에 나서는 순간, 운동과 힐링, 그리고 사람과의 교류가 자연스럽게 시작된다. 복잡한 기술이나 과도한 경쟁 대신, 걷고 치고 웃는 과정 속에서 몸과 마음이 함께 움직이는 스포츠다. 이러한 이유로 파크골프는 남녀노소 누구나 부담 없이 즐길 수 있는 생활 스포츠로 자리 잡아 왔다. 파크골프 관련 서적은 많다. 그럼에도 막상 파크골프를 시작하려고 마음먹고 책을 찾다 보면, 의외로 손에 잡히는 책이 많지 않다는 생각이 들었다. 규칙만 나열된 설명서이거나, 경험이 없는 사람에게는 다소 어렵게 느껴지는 내용이 대부분이었다. '처음 시작하는 사람의 눈높이에서, 기본부터 차분히 설명해 주는 책이 있다면 좋겠다'는 고민이 이 책의 출발점이 되었다.

이 책은 서로 다른 분야에서 활동해 온 저자들이 '파크골프'라는 공통의 가치에 공감하며 함께 만들어낸 결과물이다. 저자들 가운데에는 파크골프 전문 자격을 갖춘 이도 있고, 파크골프에 입문한 지 얼마 안 되는 이도 있다. 책 출판을 준비하며, 간단한 도시락을 챙겨 대전에 위치한 파크골프장을 함께 찾았던 작년 여름이 떠오른다. 당초 가볍게 둘러볼 계획이었지만, 예상과 달리 72홀을 돌았다. 시간 가는 줄 모르고 72홀을 마치며 "이렇게까지 하게 될 줄은 몰랐다"며 서로를 보며 놀라움을 표현했다. 라운드를 마친 얼굴에는 피로보다 만족감이 먼저 느껴졌다. 말보다 먼저 전해진 그 표정 속에서, 파크골프가 지닌 매력을 다시 한번 확인할 수 있었다.

이 책은 파크골프를 처음 접하는 이들에게는 기본을 다지는 길잡이가 되고, 이미 파크골프를 즐기고 있는 이들에게는 자신의 플레이를 점검하는 기준서가 될 수 있도록 집필되었다. 파크골프의 개념과 역사, 기본 규칙과 장비, 스윙과 퍼팅의 핵심 원리, 그리고 경기 방식과 안전에 이르기까지, 현장에서 바로 적용할 수 있는 내용들을 체계적으로 정리했다. 특히 파크골프를 즐기기 위한 기초 체력을 다질 수 있는 체력 단련 방법과 영양 관리 방법을 정리하여 제시한 것이 특징이다. 감각에만 의존하기보다, 이해를 바탕으로 한 안정적인 플레이를 돕는 것이 이 책의 목적이다.

파크골프는 단순한 점수 경쟁을 넘어, 건강을 지키고 관계를 이어 주는 스포츠다. 잔디 위에서 나누는 대화와 배려는 파크골프를 더욱 특별하게 만든다. 이 책이 파크골프를 배우고 즐기는 모든 이에게 기준이 되고, 오래 곁에 두고 참고할 수 있는 한 권의 안내서가 되기를 바란다.

목 차

제4장 파크골프, 활력있게 즐기기: 영양 관리

제5장 파크골프, 품격있고, 안전하게: 기본 에티켓

제6장 파크골프 첫걸음: 경험자가 전하는 핵심 TIP

제7장 파크골프, 알고 치면 더 즐겁다: 자주 묻는 질문

제1장
파크골프의 기본 이해

가장 배우기 쉽고, 즐거운 스포츠는 무엇일까? 수많은 스포츠 가운데 자연과 호흡하며 누구나 웃음꽃을 피울 수 있는 종목을 꼽자면 단연 파크골프다. 1983년 일본 홋카이도에서 시작된 이 스포츠는 이제 한국의 공원 곳곳을 활기찬 에너지로 채우는 하나의 문화로 자리 잡았다.

파크골프는 어렵지 않다. 무거운 장비 가방 대신 클럽 하나만 들고 가벼운 마음으로 공원으로 나가면 된다. 격렬한 경쟁보다는 동반자와 함께 걸으며 나누는 대화의 즐거움이 있고, 복잡한 스윙 기술보다는 자연스러운 움직임이 중심이 된다. 이러한 특성 덕분에 체력적 부담 없이 신체 기능을 향상시키고 스트레스를 해소하고자 하는 현대인에게 최적의 힐링 스포츠로 자리 잡았다.

무엇보다 파크골프는 어울림의 미학을 일깨워준다. 잔디 위에서 공을 치며 나누는 대화는 스마트폰 화면 너머의 소통과는 다른 깊이와 따뜻함이 있다. 장애인과 비장애인, 노년층과 청년층이 동등한 규칙 아래 함께 즐길 수 있는 파크골프는 진정한 의미의 열린 스포츠다.

이번 제1장「파크골프의 기본 이해」챕터에서는 파크골프의 역사와 개념을 소개하고, 경기에 필요한 기본 장비와 시설을 살펴본다. 파크골프를 시작하기 전 반드시 알아야 할 기초 지식을 체계적으로 정리함으로써, 이후 필드에서 마주하게 될 다양한 경험을 보다 풍요롭게 만들어 줄 것이다.

1. 파크골프의 역사

1) 파크골프의 기원

파크골프(Park Golf)는 1983년 일본 홋카이도 마쿠베츠초의 마에하라 아츠시에서 처음 고안된 생활 스포츠다. 이 종목은 당시 마쿠베츠초의 스포츠 행정 관계자였던 도야마 마코토가 지역 사회의 고령화 문제와 생활체육의 한계를 고민하는 과정에서 탄생했다. 그가 제시한 문제의식은 분명했다.

기존 골프는 비용이 많이 들고, 규칙이 복잡하며, 접근성이 낮아, 노년층, 초보자, 장애인이 함께 즐기기에는 현실적인 제약이 많았다. 이에 도야마 마코토는 공원(Park)에서, 하나의 클럽으로, 간단한 규칙 아래 누구나 함께 즐기는 골프라는 새로운 개념을 제안했다. 이 철학을 바탕으로 클럽 1개, 공 1개, 간소화된 홀 구성이라는 파크골프의 기본 구조가 정립되었고, 파크골프는 누구나 쉽게 배우고 안전하게 즐길 수 있는 평생 스포츠로 자리 잡게 되었다.

제도적 탄생의 주요 연표

- 1983년: 홋카이도 마쿠베츠초에서 파크골프 규칙 초안 마련 및 시범 경기 시행
- 1984년: 세계 최초의 파크골프 전용 코스 조성
- 1986년: 일본파크골프협회(JPGA) 설립, 공식 스포츠로 제도화
- 1990년대 이후: 일본 전역 공원과 하천 부지로 확산, 고령자 체육 정책의 핵심 종목으로 자리매김

파크골프는 노년층이 안전한 신체활동을 목표로 출발했으나, 단순한 규칙과 뛰어난 접근성 덕분에 나이와 성별을 불문하고 누구나 쉽게 배우고 즐길 수 있는 스포츠로 발전했다. 현재 일본 전역에는 약 1,200개의 파크골프장이 조성되어 있으며, 100만 명이 넘는 동호인이 파크골프를 즐기고 있다.

2) 파크골프의 국내 도입과 제도적 정립

파크골프는 1990년대 후반, 일본과의 지방자치단체 및 체육 교류 과정을 통해 한국에 처음 소개되었다. 당시 파크골프가 고령자 생활체육으로 확산되고 있다고 알려지면서, 일부 국내 지자체 공무원과 체육 관계자들이 연수·시찰·교류 방문을 통해 이를 접하게 되었다. 국내에서는 2003년 발기인 모임을 통해 처음 보급 논의가 시작되었고, 2004년 5월 서울 여의도 한강공원을 비롯한 일부지역에 초기 파크골프장이 조성되면서 생활체육 종목으로 자리 잡기 시작했다.

이후 제도적 기반도 단계적으로 마련되었다.

- 2008년 12월: 국민 생활체육 전국 파크골프연합회 창립
- 2009년 4월: 국민생활체육회 준가맹단체로 인준
- 2016년 5월 2일: 문화체육관광부 허가를 받아 대한파크골프협회가 사단법인으로 공식 출범

이를 계기로 파크골프의 전국적인 보급 속도가 가속화되었고, 협회 차원에서 경기 규칙의 표준화, 지도자 양성 체계 마련, 대회 운영 시스템 정립이 이루어져 생활체육 종목으로서 위상이 확립되었다. 그 결과 전국 각지에 파크골프장이 조성되고, 건강 증진 프로그램과 지역 복지사업에도 적극 활용되면서 큰 호응을 얻고 있다. 최근에는 50~60대 중·장년층 중심으로 가족 단위 또는 젊은 세대의 참여로 확대되며, 파크골프는 세대를 아우르는 국민 생활 스포츠로 성장하고 있다.

파크골프는 단순한 여가 활동을 넘어, 신체 건강 증진과 사회적 교류를 동시에 할 수 있는 종목으로 평가받고 있다. 이러한 흐름에 따라 여러 대학과 교육기관에서는 파크골프 지도자를 양성하기 위한 전문 교육 과정을 운영하기 시작했다. 특히 2025년에는 대전대학교에 국내 최초의 4년제 정규 과정인 '파크골프학과'가 신설되어 신입생을 맞이했다. 현재는 전국 20여 개 대학에서 관련 학과를 운영하며 전문 인재를 양성하고 있으며, 이는 파크골프가 생활체육을 넘어 학문적·제도적 기반을 갖춘 전문 분야로 발전하고 있음을 보여준다.

대한파크골프협회(KPGA) 등록 회원 수는 2017년 약 1만 6천 명에서 2024년 20만 명을 돌파했다. 협회에 등록되지 않은 일반 동호인을 포함하면, 실제 파크골프 참여 인구는 2025년 기준 80만 명을 넘어설 것으로 추산된다. 이는 매년 두 배에 가까운 성장세를 보이는 수치다. 또한 전국 파크골프장 수는 2020년 254개소에서 2025년 기준 424개소 이상으로 급증했다. 이러한 변화는 파크골프가 중·장년층과 노년층의 평생체육 종목을 넘어, 지역사회의 중요한 문화·복지 자원으로 자리 잡고 있음을 보여준다.

결국 파크골프는 한국에서도 빠르게 성장 중인 생활 스포츠로, 단순성과 접근성을 기반으로 건강, 행복, 사회적 교류라는 세 가지 가치를 동시에 실현하고 있다. 앞으로 파크골프는 공공 보건과 평생체육 정책의 핵심 요소로 더욱 중요한 역할을 하게 될 것이다.

3) 파크골프의 세계적 확산 과정

파크골프는 최근 아시아를 넘어 세계 여러 지역으로 점차 확산하고 있다. 대만에서는 2010년대 초반부터 파크골프가 공식적으로 보급되기 시작했다. 2011년에는 첫 전용 코스가 조성되었고, 같은 해 민간 중심의 중앙단체가 설립되어 전국적인 보급을 주도했다. 이후 대만 정부와 지방자치단체가 파크골프를 노인복지와 건강 증진 프로그램에 적극 활용하고 있다.

북미 지역에서는 2013년 미국 뉴욕주에 첫 공식 코스가 개장한 이후, 오하이오주 등지로 보급이 확대되었다. 미국 내에서는 국제파크골프협회(IPGA)와 연계된 전국 단체가 설립되어 규칙 제정, 대회 운영, 회원 관리 등 체계적인 활동을 이어가고 있다. 또한 하와이, 알래스카, 캐나다 브리티시 컬럼비아 주 등지에서는 일본과 한국 출신 이민자 커뮤니티를 중심으로 소규모 코스가 조성되며, 파크골프 문화가 자리 잡고 있다.

유럽에서도 파크골프는 새로운 여가 스포츠로 주목받고 있다. 스코틀랜드에서는 지역 커뮤니티 프로그램과 학교·복지기관의 체육 활동에 파크골프가 포함되었으며, 일본 협회와의 교류를 통해 공식적인 활동이 이어지고 있다. 한편, 덴마크와 북유럽 일부 국가에서는 일본식 규격에서 조금 변형된 '파크골프형 레저 스포츠'가 등장하여, 가족 단위로 즐기는 저비용 야외 활동으로 인기를 끌고 있다. 이러한 흐름은 파크골프가 유럽에서도 단순한 변형 레저를 넘어 생활 스포츠로 발전할 잠재력을 지니고 있음을 보여준다.

스코틀랜드 파크골프 동호회

현재 파크골프는 국제파크골프연맹(IPGA)을 중심으로 국제 교류와 대회 개최로 이어지고 있으며, 매년 일본 홋카이도에서 국제대회가 개최되고 참가국도 꾸준히 증가하고 있다. 향후에는 아시아뿐 아니라 유럽과 북미 국가들이 함께 참여하는 세계 규모의 대회로 발전할 가능성이 크며, 비록 올림픽 정식 종목은 아니지만 세계적 생활 스포츠로 더욱 발전할 가능성이 크다.

2013년 6월 22일에 개장한 Destroyer Park Golf, 미국 최초의 정식 파크 골프 코스

2. 파크골프의 특징

'파크(Park)'와 '골프(Golf)'의 합성어에서 알 수 있듯이 파크골프는 공원과 같은 녹지 공간에서 가볍게 즐기는 골프다. 일반 골프처럼 공을 쳐서 홀에 넣는 기본 원리는 동일하지만, 장비와 코스, 규칙은 훨씬 단순하다. 클럽은 하나만 사용하며, 공도 플라스틱 재질의 비교적 큰 공 한 개면 충분하다. 이처럼 단순한 구성 덕분에 파크골프는 '누구나, 언제든지, 어디서나' 즐길 수 있는 생활 스포츠라는 철학 아래 발전해 왔다. 장비에 대한 부담이 적고 규칙이 간단하며, 코스 길이도 짧아 초보자도 금세 익힐 수 있다. 공을 치고 걷는 과정을 반복하면서 자연스럽게 운동 효과를 얻을 수 있고, 경기 시간이 짧아 일상 속 여가 활동으로 자리 잡고 있다.

파크골프의 특징

특징	내용 요약
접근성	- 장비가 단순하여 누구나 쉽게 시작할 수 있음. - 경기 규칙이 간단하고 기술훈련 부담이 적음. - 시설 접근성이 우수함.
비용	- 이용료(grand fee)가 매우 저렴하거나 무료임. - 장비 구입 비용과 부대비용이 저렴함.
건강 증진 효과	- 신체 건강 증진 효과가 있음. - 신체활동과 사회적 교류 차원에서 정신 건강에 긍정적 효과가 있음. - 운동 지속 의지와 성취감을 높여 주는 요인이 많음.
사회적 교류	- 가족, 또래 집단, 지역 동호인 간의 교류가 가능함. - 세대 간 참여의 폭이 넓음. - 지역사회 화합 및 복지정책 측면에서 가치가 있음.
골프의 대안적 관점	- 체력과 장비 부담이 낮고 비용이 훨씬 적게 듦. - 골프에 비해 환경 및 공간 요구가 덜함.

파크골프와 골프의 비교

구분	파크골프	골프
기원/특성	생활체육 차원, 누구나 쉽게 시작 가능	전통 스포츠, 기술·장비의 다양성 높음
사용 클럽	1개 클럽으로 티샷, 어프로치, 퍼팅 모두 수행	최대 14개 클럽 사용 (드라이버·아이언·퍼터 등)
클럽 규격	길이 86cm 이하, 무게 600g 이하	클럽 길이·무게 다양, 종류별 규격 상이
공 규격	지름 6cm, 95g 딤플 없음	지름 42.67mm, 딤플 있음
티(tee)	높이 2.3cm 이하, 재사용 고무 티	높이·형태 다양, 일회용/재사용 혼재
코스 거리	짧은 거리(40m~150 m 내외)	장거리(수백 m)
홀 구성	9홀·18홀 보편(파3·4·5 구성)	18홀 표준(파3·4·5 구성)
라운드 시간	짧음(18홀 기준 1.5~2시간 내외)	김(18홀 4~5시간 내외)
규칙 복잡성	단순(로컬 룰로 운영 가능)	복잡(공식 룰·로컬 룰 병행)
기술 난이도	낮은 난이도로 입문이 용이함 재현성 훈련 중심	입문 장벽 상대적으로 높음 기술 스펙트럼 넓음
비용 부담	낮음(장비·이용료 저렴)	높음(장비·그린피·부대비용 고가)
접근성	공원, 하천부지 등 생활권 인접하여 용이	대규모 부지, 인프라 필요하며, 상대적 생활권에서 멀리 위치
건강·운동 효과	유산소 보행+정밀 조절 중심 노년층도 운동 가능	근력·기술 복합 요구, 체력 부담이 상대적으로 큼
사회적 측면	지역 커뮤니티, 세대 통합에 유리	커뮤니티 활성화 가능하나 비용, 시간의 제약 있음
복장 규칙	단정한 기능성 복장 허용, 모자, 장갑 권장	전통적 골프웨어 중심으로 비용적 부담이 크나 완화되는 추세

3. 파크골프의 경기장

1) 경기장의 구성

파크골프장은 일반적으로 9홀을 1개 코스로 구성한다. 각 홀은 난이도와 길이에 따라 파3, 파4, 파5 홀로 나뉜다. 규정상 1홀의 최소 길이는 40m이며 최대 길이는 150m다.

홀	갯수	길이
PAR 3	4개	40~60m
PAR 4	4개	60~100m
PAR 5	1개	100~150m
합계	9개	500~790m

* 1개 코스 면적 : 8,250㎡(약 2,500평) 이상

코스별 깃발 색깔

코스	A	B	C	D
색깔	적색	청색	황색	백색

* 36홀 이상인 E, F, G, H 코스인 경우, 깃발 색깔은 적색부터 다시 시작한다.

2) 경기장의 주요 시설

클럽하우스(Clubhouse)

클럽하우스는 파크골프장의 운영과 이용 편의를 총괄하는 거점이다. 접수, 요금 결제, 티 타임, 기록 관리와 장비 대여 및 판매, 휴게 공간을 제공한다. 코스 안내와 로컬 룰 및 비상 동선 공지, 구급함, AED 장비 등 안전 조치를 지원한다.

페어웨이(Fairway)

페어웨이는 티잉 그라운드와 그린 사이의 주요 플레이 구역이다. 볼이 일정하게 굴러가도록 평탄성과 배수가 안정적으로 유지된다. 잔디는 약 30mm로 관리되며, 업·다운힐과 도그 렉(dog leg) 등 지형 특성에 따라 방향과 거리 조절과 코스 전략이 결정된다.

러프(Rough)

러프는 페어웨이를 둘러싸는 플레이 구역으로, 잔디를 50mm 이상으로 길게 유지하거나 자연 식생을 활용하여 코스의 경계를 시각적으로 구분하고 난이도를 설계하는 시설이다.

벙커(Bunker)

벙커는 모래나 유사 재료를 충전한 함몰 지형의 장애 시설이다. 페어웨이 랜딩 지점이나 그린 주변에 배치하여 코스의 전략성과 미관을 강화한다. 종류는 그린 벙커, 사이트 벙커, 크로스 벙커가 있다.

그린(Green)

그린은 홀컵 주변의 정밀 퍼팅 구역이다. 홀마다 통상 5cm 이상인 타원형 크기로 잔디는 20mm 이하로 관리하거나 인조잔디로 조성하여 볼이 부드럽게 굴러가도록 표면을 매우 매끈하게 유지한다. 표면 재료는 천연잔디, 인조 잔디, 단단히 다진 토사 등이 쓰이며, 홀컵과 깃대가 설치되어 있다.

해저드(Obstacles & Hazards)

파크골프장은 안전성과 접근성을 고려하여 장애물을 최소화한다. 그러나 경기의 흥미와 난이도 조절을 위해 나무, 언덕, 작은 모래 벙커, 얕은 수로 등을 배치하는 경우가 있다.

안전시설(Safety Facilities)

경기장 주변에는 안전 펜스나 경계 표시가 설치되어 있다. 특히 강변이나 하천 인근에 조성된 코스는 추락 방지 난간을 갖추고 있다.

3) 파크골프장의 주요 설치물

티잉 그라운드(Teeing Ground)

티잉 그라운드는 각 홀의 시작 지점으로, 폭과 길이의 규격은 1.5m×1.5m ~ 2m×2m로 인조 매트나 짧은 잔디로 조성되어 있으며, 티를 꽂아 공을 안정적으로 거치할 수 있도록 설계되었다. 첫 샷을 위한 정렬과 스탠스 확보, 안정적인 스윙을 위해 표면의 수평성과 배수가 유지되어야 한다.

홀 표지판(Hole Sign)

홀 표지판은 각 홀의 시작 지점에 설치되며, 홀 번호, 파(Par) 수, 거리, 코스 형태 등으로 안내되어 있다. 플레이어가 코스 정보를 미리 확인할 수 있도록 시인성이 좋은 재질과 디자인으로 제작되었다.

→ A 코스 첫 번째 홀로 파 3이며, 거리는 52m임

안전망(Safety Net)

안전망은 공이 코스 밖으로 벗어나거나 인접 홀로 날아가는 것을 방지하기 위해 설치되었다. 특히 티샷 구역 주변이나 코스 경계, 위험 구간에 주로 설치되었다.

OB 말뚝(Out of Bounds Stake)
OB 말뚝은 직경 4cm, 길이 40cm의 백색 원형 막대로 코스 경계선을 표시하는 흰색 말뚝이다. 말뚝을 넘어간 공은 OB로 처리되며, 해당 규칙에 따라 벌타가 부과된다. 도그렉 홀이나 안전 확보, 난이도 조절을 위해 설치된 빨간색 말뚝은 공이 다시 들어오더라도 OB로 처리된다.

OB 구역(Out of Bounds area)
OB 구역은 OB 말뚝으로 경계가 표시된 구역이다. 경기장 외부나 위험지역, 혹은 다른 홀과 겹치는 구간이 포함되며, 안전한 경기 진행을 위해 엄격히 관리된다. 공이 OB 구역으로 들어가면 경기가 불가한 지역이다.

배수구(Drainage)
배수구는 눈, 비의 관개로 인한 물 고임을 방지하기 위해 코스의 저지대나 페어웨이 일부에 설치되었다. 잔디와 코스 상태를 유지하는 데 필수적인 시설이다. 배수구 위에 공이 정지되면 다음 샷에 제한을 받게 되므로 무(無) 벌타로 구제를 받게 된다.

깃대(Flagstick)
깃대는 그린 위의 홀컵 중앙에 꽂히는 긴 막대로 길이는 2~2.5m이다. 깃발이 부착되어 멀리서도 홀 위치를 쉽게 확인할 수 있으며 홀 번호가 표시된다. 홀의 최종 목적지의 위치를 알려준다.
→ B코스 3번홀

홀컵(Hole Cup)

홀컵은 공을 최종적으로 넣는 구멍으로, 지름 20cm이며, 지면보다 1cm 아래에 설치되어 있다. 내부에는 깃대를 고정할 수 있는 구조가 있다.

순서 뽑기 기구(Order Decider)

순서 뽑기 기구는 각 코스의 1번 홀 주변에 비치한 설치물로서 경기 시작 전에 플레이 순서를 정하기 위해 사용된다.

공 거치대(Ball Stand)

공 거치대는 플레이를 시작하는 코스별 1번 홀 주변에 설치하는 거치대로 플레이 순서를 정하기 위해 공을 올려놓는 시설이다.

4. 파크골프 장비 및 용품

파크골프 용구는 경기 진행에 필요한 클럽, 공, 티, 볼 마커, 볼 포켓 등이 필요하다. 각 용구는 규격과 재질이 정해져 있으며, 공식 시합에서는 대한파크골프협회에서 인증한 제품을 사용해야 한다.

1) 파크골프의 용구 및 제원

클럽(Club)

파크골프 클럽은 길이 약 86cm, 무게 600g 이하로 규정되며, 헤드, 샤프트, 그립으로 이루어진다. 헤드는 목재로 제작되어 강도와 탄성을 고려해 설계되고, 샤프트는 카본 또는 유리섬유를 사용한다. 그립은 고무 또는 합성수지 재질로 손에 잘 맞고 미끄러지지 않도록 설계되었다.

공(Ball)

파크골프 공은 직경 6cm, 무게 80~95g이며, 플라스틱 또는 특수 합성수지로 제작되었다. 일반 골프공보다 크고 딤플이 없으며, 시인성을 높이기 위해 노랑, 주황, 흰색 등 다양한 색상을 사용한다.

티(Tee)

파크골프 티는 높이 2.3cm 이하의 고무 또는 플라스틱 재질로 제작되며, 티잉 그라운드에서 첫 샷 시 공을 안정적으로 받치기 위해 사용된다. 낮은 높이 설계로 임팩트가 용이하고 재사용이 가능해 환경 보호에도 도움이 된다.

볼 마커(Ball Marker)

볼 마커는 그린 주변에서 다른 플레이어의 샷을 방해하지 않도록 자신의 공 위치를 표시할 때 사용한다. 재질과 형태는 플라스틱·금속·자석 부착형 등 다양하며, 휴대가 간편하고 식별이 쉬운 제품을 선택하는 것을 추천한다.

볼 포켓(Ball Pocket)

볼 포켓은 경기 중 분실된 공 교체나 예비 공 휴대를 위해 사용하는 소형 주머니다. 허리에 착용하거나 가방에 부착하는 형태로 쓰이며, 내구성 좋은 재질로 제작되어 공을 물, 흙 등 오염되지 않도록 돕는다.

파크골프 용구의 제원

용구	규격	재질	주요 용도
클럽	길이 86cm 이하 무게 600g 이하	헤드: 목재 / 샤프트: 카본·유리섬유	모든 샷에 사용 공식 시합 시 협회 인증품 사용
공	직경 6cm, 무게 80~95g	플라스틱, 합성수지	경기 진행의 기본 도구
티	높이 2.3cm 이하	고무	티샷 시 공을 받쳐줌
볼 마커	소형	플라스틱, 금속	공 위치 표시
볼 포켓	소형 주머니	합성 섬유, 가죽	예비 공 휴대 및 필기구 보관

2) 파크골프 복장

모자(Cap / Hat)

모자는 직사광선, 자외선, 비, 바람으로부터 머리와 눈을 보호한다. 형태는 챙 있는 캡, 바이저, 넓은 챙의 모자 등을 사용한다. 여름에는 통풍성이 좋은 메쉬 소재가 권장되며, 겨울에는 보온성이 있는 소재가 적합하다.

신발(Shoes)

파크골프용 신발은 코스 이동 시 안정성과 균형을 유지하고 잔디 손상을 최소화하기 위해 착용한다. 바닥은 스파이크가 없는 고무 돌기형을 사용하며 미끄럼 방지 기능이 필수다. 방수·통기성이 우수한 제품이 권장되고, 일반 운동화보다 발목 지지력이 뛰어난 모델이 안전성을 높인다.

* 잔디 보호 목적으로 등산화, 구두, 장화는 금지

장갑(Gloves)

장갑은 그립을 안정시키고 손바닥 마찰이나 물집을 예방한다. 인조가죽, 천연가죽, 합성섬유 등으로 제작되며, 땀·우천 시 미끄럼이 적고 통기성·내구성이 좋은 제품이 적합하다. 계절에 따라 여름용 경량형과 겨울용 보온형을 선택하며, 오른손잡이는 보통 왼손만 착용하되 필요시 양손을 사용한다.

운동복(Sportswear)

파크골프 복장은 일반 골프와 동일한 단정한 복장을 기본으로 하되 간편복도 가능하다.

* 폴로 스타일의 상의 착용을 권장하며 여름철 반바지 착용도 가능하다.

제2장
파크골프의 핵심 기술

많은 사람들은 파크골프를 처음 접하면 '그냥 공만 치면 되는 단순한 게임'이라고 생각한다. 그러나 실제로 코스에 서보면 생각보다 공이 원하는 방향으로 나아가지 않고, 짧은 거리의 퍼팅조차 쉽게 성공하지 못해 당황하게 된다. 이는 운동 능력이나 감각의 문제가 아니라, 파크골프의 기본 기술을 체계적으로 이해하지 못한 데에서 비롯되는 경우가 대부분이다. 파크골프는 단순해 보이지만, 기본기 위에 정교함이 쌓여 완성되는 스포츠다.

파크골프의 모든 기술은 그립에서 시작된다. 클럽을 어떻게 쥐느냐에 따라 공의 방향과 거리, 타구의 안정성이 달라진다. 손의 위치와 힘의 배분, 손목의 각도는 사소해 보이지만 경기 전체를 좌우하는 핵심 요소다. 올바른 그립은 불필요한 힘을 줄이고, 일관된 샷을 만들어 주는 가장 기본적인 토대가 된다. 그립 다음으로 중요한 요소는 스탠스다. 발의 간격, 몸의 정렬, 무게 중심은 샷의 정확도와 직결된다. 아무리 좋은 스윙 동작을 익혔더라도 스탠스가 흐트러지면 결과는 기대와 다를 수밖에 없다. 안정된 스탠스는 몸의 균형을 잡아주고, 반복 가능한 스윙을 가능하게 한다.

파크골프의 핵심은 무엇보다도 스윙(swing)에 있다. 스윙의 크기와 리듬을 조절해 자신에게 맞는 거리를 찾아가는 과정은 마치 자신만의 언어를 만들어 가는 여정과도 같다. 퍼팅(putting)은 승부를 결정짓는 기술로, 짧은 거리에서도 집중력과 섬세한 감각이 요구된다. 여기에 타수 계산법을 정확히 이해하면 경기 흐름을 읽고 전략적인 경기 운영의 즐거움까지 경험할 수 있다.

이 장은 스탠스, 스윙, 퍼팅, 그리고 타수 계산법에 이르기까지 파크골프의 핵심 기본기를 체계적으로 다룬다. 독자들이 경기장에서 흔히 겪는 시행착오를 줄이고, 기술적 성장과 성취의 기쁨을 경험할 수 있도록 돕는 것이 이 장의 목표다.

1. 그립(Grip)

파크골프에서 클럽을 올바르게 잡는 것은 정확하고 안정적인 스윙을 완성하는 첫 단계다. 그립은 손과 클럽을 연결하는 유일한 접점으로, 잘못된 그립은 타인의 방향성, 비거리, 정확성 전반에 부정적인 영향을 미친다. 반대로 자신의 손 크기와 스윙 스타일에 맞는 올바른 그립을 익히면 힘의 전달이 효율적으로 이루어지고, 불필요한 긴장을 줄여 부상의 위험도 낮출 수 있다.

특히 파크골프는 비교적 짧은 코스에서 적은 힘으로도 충분한 경기가 가능한 종목이다. 따라서 과도한 힘보다는 안정적이고 반복 가능한 스윙을 만드는 것이 중요하며, 이를 위한 출발점이 바로 그립의 정확성이다. 그립을 잡을 때는 손바닥과 손가락이 클럽을 감싸는 위치, 두 손의 결합 방식과 압력, 그리고 손목의 각도를 세심하게 점검해야 한다. 클럽을 너무 강하게 쥐면 손목의 유연성이 떨어져 스윙이 경직되고, 반대로 지나치게 느슨하면 임팩트 순간 클럽이 흔들릴 수 있다. 적절한 그립 압력은 새를 손에 쥐었을 때, 날아가지 않도록 하되 다치지 않게 잡는 정도로 이해하면 도움이 된다. 이러한 균형 잡힌 그립은 파크골프에서 안정적인 스윙과 일관된 경기력을 만들어 주는 핵심 요소다.

1) 기본 그립(기준: 오른손잡이)

(1) 베이스볼 그립(Baseball Grip)

- 구조: 야구 방망이를 쥐듯이 양손을 겹치지 않고 나란히 배치하여 클럽을 감싸는 방식으로, 열 개의 손가락 모두가 클럽을 완전히 감싸 잡는다.
- 장점: 그립 방법이 단순하고 직관적이어서 습득이 빠르다. 손가락 관절이나 손목에 부담이 적어 장시간 플레이에도 편안하다.
- 특징: 손목 사용이 비교적 자유롭지만, 컨트롤보다 파워 중심의 스윙이 나올 가능성이 높다. 방향성을 일정하게 유지하려면 연습이 필요하다.
- 적합 대상: 초보자, 노년층, 손가락 관절이 약한 사람, 기존에 야구 또는 소프트볼을 경험한 플레이어

(2) 인터록킹 그립(Interlocking Grip)

- 구조: 왼손의 검지와 오른손의 새끼손가락을 서로 엇갈리게 끼워 고정하는 방식으로, 양손이 연결되어 한 덩어리처럼 움직이게 된다.
- 장점: 손이 작은 사람이나 힘이 약한 고령자에게 유리하다. 손가락이 엇갈려 고정되기 때문에 스윙 시 클럽이 손에서 빠질 위험이 적다.
- 특징: 손목과 팔이 하나로 연결된 듯한 느낌을 주어 임팩트 시 안정감을 높인다. 다만 손가락 관절이 약한 경우 장시간 사용 시 불편함을 느낄 수 있다.
- 적합 대상: 체구가 작거나 손이 작은 여성, 노년층, 안정적인 그립을 원하는 초보자

(3) 오버래핑 그립(Overlapping Grip)

- 구조: 오른손의 새끼손가락을 왼손의 검지 위에 겹치게 얹는 방식으로, 왼손은 클럽의 윗부분을 감싸고, 오른손은 아래쪽에서 부드럽게 덮는 형태다.
- 장점: 전통적 골프 그립에서 가장 많이 사용되는 방식이며, 손목의 유연한 움직임을 살리면서도 충분한 컨트롤을 제공한다.
- 특징: 힘이 손목과 팔 전체로 고르게 전달되어 스윙이 부드럽다. 양손이 과도하게 결합하지 않으므로 손목 회전이 자연스럽고, 비거리를 확보하기 유리하다.
- 적합 대상: 손이 큰 사람, 기존 골프 경험이 있는 사람, 부드러운 스윙과 거리 확보를 중시하는 플레이어

파크골프 기본 그립

그립 방식	구조	장점	적합 대상
베이스볼	양손을 겹치지 않고 일렬로 잡음	습득 쉬움, 손목 부담 적음	초보자, 노년층, 관절 약한 사람
인터록킹	왼손 검지와 오른손 새끼손가락을 엇갈리게 끼움	손 고정력 우수, 안정적인 임팩트	손 작은 사람, 힘 약한 노년층
오버래핑	오른손 새끼손가락을 왼손 검지 위에 얹음	부드러운 스윙, 거리 확보 용이	손 큰 사람, 골프 경험자

베이스볼 그립　　인터록킹 그립　　오버래핑 그립

2) 그립 잡는 순서(기준: 오른손잡이)

(1) 왼손으로 먼저 잡기

- 왼손은 손가락 3개(새끼손가락, 약지, 중지)로 클럽을 감싸 쥔다.
- 이때 클럽 그립 끝단을 약 1cm 정도 남겨두고 잡는 것이 좋다. 그래야 스윙할 때 손목이 자연스럽게 움직이고 힘이 안정적으로 전달된다.

(2) 왼손 엄지의 위치

- 왼손 엄지는 클럽 위쪽에 곧게 눌러 준다.
- 손가락 방향은 클럽 헤드 쪽으로 두어야 한다.
- 이렇게 하면 클럽이 비틀어지지 않고 정확한 스퀘어(Square) 그립이 만들어진다.

(3) 오른손으로 마무리하기

- 오른손은 왼손 위에 자연스럽게 포개어 잡는다.
- 이때 잡는 방법은 세 가지(오버래핑, 인터로킹, 베이스볼 그립)가 있는데, 본인에게 가장 편안하고 안정적인 방법을 선택하면 된다.
- 오른손을 편안하게 감싸 쥐어야 임팩트 순간에 힘이 잘 모이고 방향도 안정된다.

그립을 잡을 때 손에 주는 힘, 즉 악력(握力)의 강도는 스윙의 안정성과 직결된다. 만약 강도를 0에서 10까지로 표시한다면, 왼손은 5~6 정도, 오른손은 3~4 정도로 잡는 것이 이상적이다. 이렇게 하면 왼손이 자연스럽게 스윙을 이끌고, 오른손은 보조 역할을 하면서 불필요한 힘이 들어가지 않게 된다. 왼손이 주도하고 오른손이 따라가야 클럽 헤드가 흔들리지 않고 임팩트 순간에도 방향성이 안정된다.

2. 스탠스(Stance)

스탠스는 어드레스 시 양발의 위치와 방향을 의미하며, 스윙의 궤도와 임팩트 시 클럽페이스 각도, 구질에 큰 영향을 미친다. 파크골프에서는 홀 방향, 원하는 구질, 코스 상황에 따라 스퀘어 스탠스, 오픈 스탠스, 클로즈드 스탠스를 선택한다.

1) 스퀘어 스탠스(Square Stance)

스퀘어 스탠스는 양발-무릎-골반-어깨의 라인을 목표선과 평행하게 맞추어 서는 기본자세다. 발끝이 목표선과 나란하고, 클럽페이스는 목표를 정직하게 향하도록 맞추며, 체중은 양발에 50:50으로 고르게 둔다. 스탠스 폭은 어깨너비 정도가 무난하고, 골반을 살짝 접어 상체를 숙이면 팔과 가슴이 삼각형을 이루어 안정적인 준비 자세가 된다.

초보자, 고령층을 포함해 대부분의 상황에서 가장 오류가 적은 기본형으로 권장된다.

2) 오픈 스탠스(Open Stance)

오픈 스탠스는 발 라인을 목표선보다 약간 열어 서는 자세다. 왼발이 뒤로 물러나 발끝이 목표선 쪽으로 더 벌어지며, 시야와 스윙 공간이 넓어져 동작을 부드럽게 전환하기 쉬워진다. 파크골프에서는 공을 크게 휘게 만들기 위한 수단이라기보다, 정렬을 쉽게 하고 속도를 안정시키며 특정 상황에서 컨택트를 돕는 방법으로 이해하면 된다.

스탠스를 과하게 열면 페이스 관리가 어려워 볼이 얇게 맞거나 틀어질 수 있다.

3) 클로즈 스탠스(Closed Stance)

클로즈 스탠스는 오른손잡이 기준으로 오른발을 약간 뒤로 물러서서 발 라인이 목표선보다 오른쪽을 향하도록 하는 스탠스다. 발-무릎-골반-어깨 라인이 모두 소폭 닫히지만, 클럽페이스는 항상 목표를 정면으로 향하도록 맞추는 것이 원칙이다. 스탠스 폭은 어깨너비 전후가 무난하며, 체중은 50:50으로 두고 상체는 편안하게 숙여 팔-가슴의 삼각형을 유지한다.

출발 방향을 단단히 유지하고 낮고 곧게 보내는 감각을 얻는 데 초점을 둔다.

스퀘어 스탠스

오픈스탠스

클로즈 스탠스

3. 스윙

1) 스윙의 5단계, 쉽게 이해하는 가이드

1단계 어드레스(셋업) - 스윙 준비 자세

스윙은 준비에서 절반 이상이 결정될 수 있다.
발과 몸 정렬: 발끝, 무릎, 엉덩이, 어깨가 목표(타깃) 방향과 평행이 되도록 선다.

- 발 간격(스탠스): 어깨너비 정도로 벌리고, 두 발은 평행하게 둔다.
- 볼 위치: 일반 티샷은 발 가운데보다 약간 왼쪽, 짧은 거리(어프로치)는 정확히 중앙에 놓는다.
- 체중 분배: 양발에 50:50으로 고르게 실어 발바닥 전체에 힘을 준다.
- 그립 잡기: 왼손으로 먼저 잡고, 오른손으로 감싸며 인터록킹, 오버래핑, 베이스볼 중 편한 방법을 선택한다.
- 자세 유지: 허리를 곧게 세우고 골반에서 살짝 숙여 팔과 가슴이 삼각형이 되게 한다. 팔 힘은 살짝만 준다(10점 중 3~4 정도).

Tip: 어드레스에서 스윙의 70%가 결정된다. 거울이나 동료를 통해 자주 점검하기를 권한다.

2단계 테이크 백 – 클럽을 뒤로 빼는 동작

- 시작: 클럽 헤드가 땅을 부드럽게 밀며 뒤로 나가듯 움직인다.
- 손목 사용 시점: 처음 30~40cm는 손목을 꺾지 않고 그대로 유지한다.
- 몸 회전: 팔만 들지 말고 어깨와 가슴을 함께 돌리며, 왼팔은 목표 방향을 따라 길게 이동시킨다.
- 체중 이동: 오른발 60%, 왼발 40% 정도로 옮긴다.
- 클럽 궤도: 몸 앞에서 벗어나지 않도록 부드러운 원 모양을 그린다.

Tip: 백스윙의 정점에서는 잠시 멈추는 느낌을 갖는 것이 도움이 된다.(완전히 멈추는 것은 아님)

3단계 탑(Top)·전환 – 백스윙의 정점과 다운스윙 시작

- 탑 위치: 왼팔은 지면과 거의 평행이며, 왼손은 오른쪽 어깨 근처에 온다. 파크골프는 장타가 목표가 아니므로, 백스윙은 자신의 유연성 범위에서 80~90%만 사용한다.
- 축과 균형: 머리는 공 뒤에 두고 척추 중심이 흔들리지 않도록 한다.
- 전환 방법: 손이 아닌 왼발 압력 → 골반 회전 → 상체 회전 → 팔과 클럽 순으로 내려온다.

Tip: 탑에서 팔 힘으로 끌어당기기보다는 헤드 무게의 중력을 이용하여 자연스럽게 헤드를 다운스윙한다.

4단계 다운스윙·임팩트 - 공을 맞히는 순간까지

- 순서: 왼발에 체중을 옮기고 골반이 먼저 움직이며, 상체와 팔이 그 뒤를 따라온다.
- 손목 각도 유지: 임팩트 직전까지 손목 각도를 유지해 힘을 모은다(레깅).
- 클럽페이스 방향: 공과 정확하게 맞도록 왼손 등이 목표를 향하게 한다.
- 체중 상태: 공을 맞히는 순간, 체중은 왼쪽 70%, 오른쪽 30% 정도가 된다.
- 지면 활용: 발바닥으로 지면을 눌러 하체 안정과 클럽 스피드를 만든다.

Tip: 공을 '세게 치는 것'이 아니라 '목표 지점으로 보내는 것'에 집중한다.

5단계 팔로우스루·피니시 - 스윙 마무리

- 팔로우스루: 임팩트 후 왼팔을 목표 방향으로 길게 뻗고, 오른팔은 자연스럽게 펴지도록 한다. 이때 클럽 헤드는 낮고 길게 뻗어나간다.
- 피니시 자세: 체중은 왼발에 80~90%, 오른발에 10~20%를 두고 유지한다. 배꼽과 가슴은 목표를 향하게 하며, 오른발 뒤꿈치는 자연스럽게 든다.
- 균형 유지: 최소 2초 이상 균형을 유지할 수 있어야 좋은 피니시라 할 수 있다. 만약 흔들린다면 체중 이동이나 스윙 템포를 점검해야 한다.

Tip: 피니시는 좋은 스윙이 잘 되었음을 보여주는 증거다.

스윙 단계별 체크리스트 요약

단계	핵심 체크포인트	흔한 오류	교정 힌트
어드레스	정렬 평행, 볼 위치, 5:5 체중, 가벼운 그립	어깨 오픈, 볼 과도한 전진	발·무릎·어깨 평행선 표시를 발끝으로 확인
백스윙	원활한 회전, 늦은 힌지, 6:4 체중	손으로만 들어 올림	가슴·클럽 일체감으로 '몸으로 올림'을 연습
탑·전환	80~90% 범위, 축 유지	과도한 꺾임, 정지	리듬 구호 '원–투–스윙'으로 연속 전환을 유지
다운스윙·임팩트	왼발→골반 리드, 레깅 유지	손 먼저 당김, 체중 뒤꿈치 잔류	왼발 압력 먼저, 손목은 타깃 앞에서 풀림
팔로우스루·피니시	길고 낮은 출발, 왼쪽 균형	급한 멈춤, 상체 뒤로 젖힘	피니시 2초 정지로 균형을 확인

2) 스윙 크기별 거리 가이드

(1) 1/4 스윙 – 30m 내외

백스윙 시 클럽 샤프트가 지면과 약 45°가 되도록 가볍게 올리고, 손은 오른쪽 허벅지에서 골반 높이까지 이동시킨다. 체중은 좌우 50:50으로 둔다.

- **헤드 위치·궤도:** 클럽 헤드는 손보다 약간 뒤쪽의 낮은 위치에서 몸 가까이에 두고, 초반 백스윙은 지면을 스치듯 낮고 길게 가져간다.
- **임팩트·팔로우스루:** 임팩트 후 샤프트가 다시 약 45°가 되는 지점에서 멈추어 백스윙과 대칭을 이루도록 한다. 이때 클럽 헤드는 낮고 짧게 뻗어나가며, 필요에 따라 팔로우스루를 조금 더 크게 해도 무방하다.

(2) 1/2 스윙 – 40m 내외

- **백스윙 기준:** 샤프트가 지면과 평행이 되는 지점까지 올린다. 이때 왼팔은 지면과 평행을 유지하고, 손목 힌지는 절제된 각도만 형성한다. 체중은 좌우 45:55로 둔다.

- **헤드 위치·궤도:** 클럽 헤드는 손보다 약간 높은 위치에서 지면과 수평을 이루며, 몸 밖으로 이동하되 클럽은 몸 앞의 원 안을 따라 움직인다.
- **임팩트·팔로우스루:** 임팩트 후 팔로우스루도 지면과 평행이 되는 지점까지 보내고, 가슴은 타깃 쪽으로 절반 이상 회전시킨다.

1/4 스윙 - 30m 내외

1/2 스윙 - 40m 내외

(3) 3/4 스윙 - 50m 내외

- **백스윙 기준:** 샤프트가 지면과 직각이 되는 지점에서 멈춘다. 손은 오른쪽 어깨 높이 근처까지 올라간다. 체중은 좌우 40:60으로 둔다.
- **헤드 위치·궤도:** 클럽 헤드는 오른쪽 어깨 위로 올라가되, 머리 위로 과도하게 넘기지 않는다. 손목 각도는 견고하게 유지한다.
- **임팩트·팔로우스루:** 임팩트 후 왼쪽 어깨 높이까지 자연스럽게 보낸다. 클럽 헤드는 낮고 길게 뻗어나가며, 체중은 왼발 중심으로 유지한다.

(4) 풀스윙 - 60m 이상

- **백스윙 기준:** 개인의 유연성 범위 내에서 탑을 완성하되, 파크골프의 특성상 과도한 오버스윙은 지양한다. 체중은 최대한 우측 다리로 이동시킨다.
- **헤드 위치·궤도:** 클럽 헤드는 오른쪽 어깨 뒤까지 이동하며, 샤프트는 지면과 거의 평행에 근접한다.
- **임팩트·팔로우스루:** 피니시에서 배꼽과 가슴은 타깃을 향하게 하고, 클럽은 어깨 위로 자연스럽게 넘어간다.

3/4 스윙 - 50m 내외

풀스윙 - 60m 이상

파크골프 스윙 크기별 거리 가이드

단계	백스윙 기준(시각 지표)	좌·우 체중(백스윙 탑)	목표 비거리
1/4	샤프트 약 45°	50 : 50(정중앙)	약 30m
1/2	샤프트 지면 평행	45 : 55(우)	40m
3/4	샤프트 수직(직각) 근접	40 : 60(우)	약 50m
풀스윙	개인 탑(수평 근접)	35 : 70(우)	60m 이상

평지, 무풍, 정상 컨디션에서의 가이드로, 개인 기량이나 코스 상태에 따라 다를 수 있다.

*** 좌 = 왼발, 우 = 오른발(오른손잡이 기준)이며, 왼손잡이는 반대로 적용된다.**

3) 거리 캘리브레이션 방법

거리 캘리브레이션은 자신의 스윙 진폭(¼, ½, ¾, 풀)과 평균 비거리를 1:1로 연결해 개인 거리표를 만드는 작업이다. 이렇게 기준을 갖추면 3~5m 오차를 줄여 스코어가 개선되고, 목표 거리 ±3m 안에서 스윙을 곧바로 선택해 의사결정이 단순해진다. 스윙 폭과 거리가 고정되면서 리듬과 손을 쥐는 힘(그립 압력), 클럽 페이스의 방향 관리가 일관화되어 재현성이 높아진다. 또한 잔디의 컨디션, 지면 상태, 경사에 대해 ±1~2m 보정 값을 적용할 수 있어 상황 대응력이 향상된다. 예측과 결과의 차이로 문제 원인(스윙 폭 vs. 임팩트 품질)을 진단하기 쉬워 훈련 효율도 올라가며, 경험이 쌓이면 자신감과 정신력 안정이 강화된다. 힘에 의존한 과도한 스윙을 줄여 안전과 코스 보전에도 도움이 되며, 고령층이나 컨디션 변동이 있는 사람들에게도 안정적인 결과를 제공한다. 요약하면 측정 → 기록 → 적용 → 갱신의 짧은 반복 절차만 꾸준히 연습해도 경기력이 효율적으로 향상된다. (라운드 전 30m, 40m, 50m만 빠르게 재확인해도 효과가 크다.)

거리 켈리브레이션 방법

단계	내용	세부 설명
준비하기	스윙 단계 결정 및 도구 준비	- 측정할 스윙 길이 선택 (1/4, 1/2, 3/4, 풀스윙) - 연습구 준비 - 거리 표시가 있는 연습장 또는 잔디 필드 준비 - 줄자, 거리 측정기 사용
기준 스윙 만들기	백스윙 위치 확인 및 힘 고정	- 1/4: 샤프트 45° - 1/2: 샤프트 지면 평행 - 3/4: 샤프트 수직 - 풀스윙: 평행 근접 - 힘은 70~80% 일정하게 유지
샷 측정하기	동일 스윙으로 5~10회 샷	- 같은 스윙 길이로 5~10회 샷 - 총 비거리 측정 - 잘못 맞은 샷은 제외
평균 거리 계산	이상치 제외 후 평균 산출	- 예: 45, 48, 46, 50, 47 → 평균 47.2m
기록 및 활용	경기 시 적용	- 스윙별 평균 거리를 노트, 스코어 카드, 휴대폰에 기록 - 목표 거리 ±3m 범위 스윙 선택 - 바람, 지면 상태 따라 1~2m 조절

4. 퍼팅

퍼팅은 홀컵 근처에서 공을 굴려 넣는 동작을 말한다. 파크골프에서 퍼팅은 단순히 마지막 과정이 아니라, 한 라운드 전체에서 가장 많은 타수를 차지하는 핵심 기술이다. 앞선 샷들이 아무리 잘 이루어져도 퍼팅이 흔들리면 좋은 결과를 얻기 어렵다.

퍼팅은 힘보다는 정확성과 집중력이 요구되는 기술이다. 짧은 거리에서도 방심하면 실수가 나오며, 긴 퍼팅에서는 거리 감각과 터치의 섬세함이 필요하다. 따라서 퍼팅은 단순한 기술이 아니라 스코어 관리와 경기 흐름을 결정짓는 중요한 요소라 할 수 있다. 결국 퍼팅은 파크골프를 완성하는 과정이며, 경기를 즐기는 모든 이가 반드시 집중해야 할 핵심 기술이다.

1) 퍼팅 그립의 종류와 방법

가장 대중적으로 사용되는 그립 네 가지 방법을 소개한다. 각 그립을 직접 잡아보고, 가장 편안하고 안정적인 느낌을 주는 방법을 선택하는 것이 바람직하다.

(1) 리버스 오버래핑 그립 (Reverse Overlapping Grip)

- 가장 기본적이며, 많은 파크골퍼들이 사용하는 대표적인 그립으로, 손목 사용을 억제하는 데 효과적이다.
- **잡는 방법**

  ① 왼손으로 먼저 그립을 편안하게 잡는다.

  ② 오른손을 그 아래에 맞대어 잡는다.

  ③ 왼손 검지를 오른손의 새끼손가락과 약지 사이 또는 그 위에 올려놓는다.
- **장점:** 양손의 일체감을 높여주며, 왼손이 스트로크를 리드해 방향성이 안정된다. 처음 시작하는 이들에게 가장 먼저 추천되는 방식이다.

(2) 크로스 핸디드 그립 (Cross-Handed Grip)

- '왼손잡이 그립', '레프트 핸드 로우(Left-hand low)'라고도 불리며, 오른손의 불필요한 움직임을 억제하는 데 매우 효과적이다.
- **잡는 법**

  ① 오른손을 그립의 위쪽에, 왼손을 아래쪽에 위치시킨다.
- **장점**: 퍼팅 시 어깨 라인을 목표선과 평행하게 정렬하기 쉽고, 주도적인 오른손의 개입을 막아 손목 사용을 거의 완벽하게 방지한다. 해드 업을 억제해 안정적인 시계추 운동을 만들기에 유리한 그립 중 하나다.

(3) 집게 그립 (The Claw Grip)

- 오른손의 역할은 방향만 잡아주도록 최소화하는 독특한 그립으로, 특히 짧은 거리 퍼팅에 대한 불안감(입스, Yips)이 있는 분들에게 효과적이다.
- **잡는 법**

  ① 왼손은 평소처럼 그립을 단단히 잡는다.

  ② 오른손은 그립에서 분리하여, 엄지와 검지(또는 다른 손가락)로 집게 모양을 만들어 그립의 측면을 가볍게 쥔다.
- **장점**: 오른손의 과도한 힘이나 미세한 떨림을 원천적으로 차단하여 부드럽고 일관된 스트로크가 가능하다.

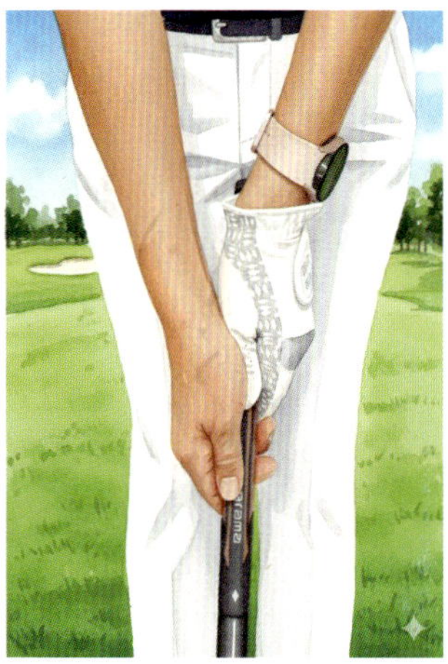

리버스 오버래핑 그립

크로스 핸디드 그립

집게 그립

2) 퍼팅의 정석: 완벽한 스트로크를 위한 5단계

파크골프 스코어를 결정짓는 가장 중요한 열쇠는 퍼팅이다. 안정적이고 일관된 퍼팅을 위해서는 올바른 자세와 단계별 동작을 몸에 익히는 것이 필수적이다. 아래의 다섯 단계를 통해 퍼팅의 완성도를 한 단계 높일 수 있다.

1단계: 조준 (Aiming) - 성공의 첫 단추

정확한 조준 없이는 완벽한 스트로크도 의미가 없다. 이 단계에서는 목표를 정확히 설정한다.

- **클럽 페이스 정렬**: 클럽 페이스 면이 보내고자 하는 목표선과 완벽한 직각을 이루도록 한다.
- **퍼팅 라인 읽기**: 홀컵까지의 거리, 지면의 경사, 잔디 상태 등을 종합적으로 파악한다.
- **시선 처리**: 공과 목표 지점을 여러 번 오가며 라인을 확인한 뒤, 스트로크 직전에는 공에 시선을 고정한다.

Tip: 정확한 조준이 거리와 방향을 모두 잡는 확실한 방법이다.

2단계: 셋업 (Setup) - 견고한 기본 자세

모든 샷의 성공은 안정된 준비 자세에서 시작된다. 퍼팅의 80%는 셋업에서 결정된다고 해도 과언이 아니다.

- **발 위치**: 어깨너비로 벌리고, 안정감을 위해 무릎은 살짝 굽힌다.
- **몸의 정렬**: 어깨, 팔, 클럽 헤드가 목표선과 평행이 되도록 정렬한다.
- **체중 분배**: 양발에 체중을 50:50으로 균등하게 싣고, 몸의 중심은 살짝 앞쪽으로 둔다.
- **클럽 위치**: 공 바로 뒤에 클럽 페이스를 정확히 놓고, 그립은 가볍게 쥔다.

Tip: 잘못된 셋업은 퍼팅 실패의 원인이 된다. 이 단계에서는 출발 자세를 정확히 완성한다.

3단계: 테이크어웨이 (Takeaway) - 일정한 리듬의 시작

백 스트로크는 거리감을 만드는 핵심 동작이며, 손이나 손목이 아닌 큰 근육을 사용해야 한다.

- **어깨로 시작**: 손목 사용을 최대한 억제하고, 어깨와 팔이 만드는 삼각형을 그대로 유지하며 시작한다.
- **스트로크 크기 조절**: 거리에 비례하여 백스트로크의 크기를 조절한다.
  (예: 짧은 거리는 작게, 먼 거리는 크게)
- **부드러운 속도**: 서두르지 않고 부드럽고 일정한 리듬으로 클럽을 뒤로 뺀다.

Tip: 스트로크의 크기가 곧 거리다. 손목이 아닌 어깨로 거리를 조절한다.

4단계: 임팩트 (Impact) –
‘치는’ 것이 아닌 ‘굴리는’ 순간

퍼팅의 성패가 결정되는 가장 중요한 순간이다. 정확하고 부드러운 터치가 필요하다.

- **정확한 스위트 스폿**: 클럽 페이스 정중앙 (스위트 스폿)으로 공의 중심을 정확히 맞춘다.
- **목표를 향해 밀어 주기**: 공을 때리는 느낌이 아니라, 퍼팅라인을 따라 헤드를 낮고 길게 밀어준다.
- **부드러운 터치**: 힘을 빼고, 설정한 거리에 맞는 부드러운 힘으로 공을 굴린다.

Tip: 퍼팅은 공을 때리는 것이 아니라, 부드럽게 굴려주는 것이다.

5단계: 팔로우스루 (Follow-through) –
완벽한 마무리

스트로크의 끝은 좋은 퍼팅의 결과이자 다음 퍼팅의 시작이며, 끝까지 자세를 유지한다.

- **낮고 길게**: 클럽 헤드가 목표 방향을 향해 낮고 길게 따라가도록 한다.
- **헤드업 금지**: 공이 떠난 후에도 잠시 동안 공이 있던 자리에 시선을 고정하여 머리가 들리는 것을 방지한다.
- **균형 잡힌 피니시**: 스트로크가 끝날 때까지 몸의 균형이 무너지지 않도록 자세를 유지한다.

Tip: 좋은 퍼팅은 공이 홀컵에 들어갈 때까지 자세가 무너지지 않는 방법이다.

퍼팅 자세 5단계 체크리스트

단계	핵심 포인트	체크 사항
1. 조준	목표선 정렬	• 클럽 페이스는 목표선과 직각 • 지면 경사, 거리 등 라인 읽기
2. 셋업	기본 자세와 정렬	• 발은 어깨너비, 무릎 살짝 굽힘 • 어깨–팔–클럽이 목표선과 평행 • 체중은 50:50, 중심은 살짝 앞으로 • 클럽 헤드는 공 뒤에 정확히 위치
3. 테이크어웨이	백스트로크 시작	• 어깨로 리드, 손목 사용 금지 • 거리만큼 스트로크 크기 조절 • 일정하고 부드러운 리듬 유지
4. 임팩트	공과의 접촉	• 클럽 페이스 중심과 공 중심 일치 • 목표를 향해 곧게 밀어 주기 • 때리지 말고 부드럽게 굴리기
5. 팔로우스루	마무리와 자세 유지	• 클럽은 목표 방향으로 낮고 길게 • 공이 떠난 후에도 시선 고정 (헤드업 금지) • 피니시까지 흔들림 없는 균형

3) 파크골프와 골프의 퍼팅 비교

퍼팅은 골프와 파크골프 모두에서 스코어를 결정짓는 가장 섬세하고 정밀한 기술이다. 사용되는 장비와 코스 환경, 퍼팅 거리는 다르지만, 공을 홀컵에 정확히 굴려 넣는다는 기본 목표는 동일하다. 다만 이 목표에 도달하는 방법은 두 종목에서 분명한 차이를 보인다.

특히 파크골프에서는 '팔로우스루를 낮고 길게 하라'는 설명이 자주 강조된다. 이는 단순한 기술적 지시가 아니라, 파크골프 퍼팅의 특성을 반영한 핵심 원리다. 공을 띄우기보다 지면을 따라 부드럽게 굴리는 파크골프의 특성상, 임팩트 이후에도 클럽이 낮은 궤도를 유지해야 공의 방향과 속도를 안정적으로 조절할 수 있기 때문이다. 이러한 퍼팅 방식은 기술 습득이 쉽고, 실수를 줄이는 데 효과적이다. 파크골프는 다양한 연령층이 함께 즐기는 스포츠이므로, 복잡한 동작이나 강한 힘을 요구하기보다 누구나 반복 연습을 통해 익힐 수 있는 동작이 중요하다. 팔로우스루를 낮고 길게 유지하는 퍼팅은 동작의 일관성을 높이고 심리적 부담을 줄여, 초보자와 고령자 모두에게 안정감을 줄 수 있다.

왜 파크골프는 '긴 팔로우스루'를 강조하는가?

첫째. 장비의 차이에서 오는 기술적 이유

파크골프의 장비는 골프와 달리 구조가 단순하며, 복잡한 조작 없이도 공을 안정적으로 굴릴 수 있도록 설계되어 있다. 이러한 장비 특성 때문에 파크골프 퍼팅은 일정한 리듬의 직관적인 스트로크에 더 적합하다.

- **무거운 공과 넓은 클럽 페이스**

  파크골프 공은 골프공보다 약 2배 무겁다. 이 무거운 공을 부드럽게 굴리기 위해서는 순간적인 '타격(Hit)'이 아닌, 진득하게 '밀어주는(Push)' 스트로크가 절대적으로 유리하다. 평면적이고 넓은 클럽 페이스는 공을 밀어주는 동작, 즉 긴 팔로우스루를 할 때 방향의 틀어짐을 최소화하고 안정적인 직진성을 보장해 준다.

- **고정된 클럽 길이와 낮은 로프트**
  파크골프 클럽은 로프트 각도가 거의 없어(0~1도) 공을 띄우는 것이 아니라 처음부터 굴리는 데 집중한다. 이는 손목 사용을 억제하고 어깨로만 하는 '시계추 운동(Pendulum Motion)'을 자연스럽게 유도하며, 긴 팔로우스루는 이 시계추 운동의 완성도를 높이는 가장 확실한 방법이다.

둘째. 교육적 · 심리적 이유

파크골프는 남녀노소 누구나 쉽게 배울 수 있다는 장점이 있다. 긴 팔로우스루는 이러한 장점을 극대화하는 효과적인 지도 원칙이다.

- **단순하고 명확한 학습법**
  복잡한 손목 기술이나 다양한 스트로크 방식을 가르치기보다, '목표 방향으로 클럽을 길게 뻗는다'는 명확한 지침이 초보자가 나쁜 습관 없이 일관된 동작을 빠르게 익히도록 돕는다.
- **심리적 안정감과 자신감 부여**
  짧은 퍼팅에서 실수하는 가장 큰 원인은 실패에 대한 두려움으로 인해 임팩트 순간에 급격히 감속하거나 머리를 드는 데 있다. 긴 팔로우스루를 의식하면 스트로크를 끝까지 자신감 있게 밀어주게 되어, 불필요한 긴장과 실수를 줄이는 심리적 안정제 역할을 한다.

골프 vs. 파크골프 퍼팅 장비 비교

항목	골프	파크골프	퍼팅에 미치는 영향
공 무게	약 45g	약 80~95g (무거움)	가볍게 '때리는' 것이 아닌, 무게를 실어 '밀어주는' 스트로크가 필요함
클럽 길이	다양함(86cm 이하), 신체 맞춤	비교적 고정 (약 85cm)	정해진 길이는 일관된 어드레스와 안정적인 시계추 운동을 유도함
클럽 페이스	상대적으로 좁고 다양한 형태	평면적이고 넓음 (관용성 높음)	페이스가 넓어 중심을 벗어나도 방향 손실이 적고, 직선 스트로크에 유리함

4) 거리별 퍼팅 스윙 익히기

기본 원칙: 거리 = 백스윙 크기 + 리듬

거리별 스윙 크기 및 동작 가이드

거리	백스윙 크기	팔로우스로 크기	특징 및 포인트
2m 이내	약 10~15cm	약 15~20cm 이상	공을 살짝 굴리는 느낌 툭 치지 않도록 주의
3~4m	약 20~25cm	약 25~30cm 이상	리듬 유지 방향보다 거리 중심 감각 훈련
5~6m	약 30~35cm	약 35~40cm 이상	스윙이 너무 커지지 않도록 안정된 자세 유지
7~8m	약 40~45cm	약 45~50cm 이상	공이 중앙에 잘 맞도록 시선 집중 필요
9~10m 이상	약 50~55cm	약 55~60cm 이상	전체 리듬 흐름 유지 강하게 치지 않도록 주의

* 개인의 신장과 클럽 길이에 따라 ±5cm 정도의 차이는 발생할 수 있다.

5. 상황별 샷의 종류와 핵심 요령

파크골프 코스에서는 매번 다른 상황을 마주한다. 각 상황에 맞는 샷의 종류와 핵심 요령을 익혀두면, 어떤 위기에서도 자신감 있게 플레이할 수 있다.

1) 티샷(Teeshot)

한 홀을 시작하는 첫 번째 샷으로, 방향성과 안정감이 가장 중요하다.

- **셋업**: 발은 어깨 너비로 벌리고, 시선은 목표 방향을 향한다.
- **스윙**: 과도한 힘보다는 부드럽고 일정한 템포로 스윙한다.
- **성공 전략**: 비거리를 욕심내기보다 원하는 곳에 정확히 안착시키는 것을 최우선 목표로 삼는다.

2) 어프로치 샷(Approach Shot)

홀컵 주변으로 공을 정교하게 보내는 기술로, 다음 퍼팅을 쉽게 만드는 것이 목적이다.

- **방법**: 스윙 크기를 거리에 맞춰 조절하고, 손목보다 어깨 회전을 이용한다.
- **성공 전략**: 큰 스윙보다 정확한 거리 감각이 승부를 결정짓는 샷이다.

3) 벙커샷(Bunker Shot)

모래에 빠진 공을 탈출시키는 특수 샷이다.

- **셋업**: 체중을 약간 앞쪽에 두고 클럽페이스를 살짝 열어준다.
- **스윙**: 공을 직접 치는 대신, 공 뒤의 모래를 먼저 쳐서 그 폭발력으로 공을 탈출시킨다.
- **성공 전략**: 강하게 치려 하지 말고, 모래의 저항을 이용하는 것이 핵심이다.

4) 러프 탈출 샷(Rough Shot)

잔디가 길고 불규칙한 러프 지역에서 공을 빼내는 샷이다.

- **방법**: 손목을 단단히 고정하여 클럽이 풀에 감기지 않도록 하고, 공을 정확히 맞히는 데 집중한다.
- **스윙**: 짧고 간결한 임팩트로 공을 러프에서 꺼낸다.
- **성공 전략**: 먼 거리를 보내기보다 안전하게 페어웨이로 탈출하는 것을 우선으로 한다.

5) 비거리 샷(Long-distance Shot)

파4, 파5 홀 등에서 긴 거리를 보내야 할 때 사용하는 샷이다.

- **스윙**: 큰 스윙 아크와 적극적인 체중 이동으로 클럽 헤드 스피드를 높인다.
- **방법**: 하체는 안정적으로 고정하고 상체 회전을 충분히 활용한다.
- **성공 전략**: 힘만으로는 방향성을 잃기 쉬우므로 리듬과 균형을 유지하는 것이 중요하다.

6) 로브 샷(Lob Shot)

공을 의도적으로 띄워 장애물을 넘기거나, 공이 굴러가기 힘든 지형에서 사용하는 고난도의 타구 기술이다.

- **셋업**: 클럽 페이스를 열어 공이 높이 뜰 수 있도록 준비한다.
- **스윙**: 손목 사용을 최소화하며, 공을 퍼 올리는 느낌으로 부드럽게 스윙한다.
- **상황**: 티샷, 웅덩이, 돌, 헤저드 등의 장애물을 넘기거나 피할 때 효과적으로 활용된다.

7) 안전망 탈출 샷(Safety Net Escape Shot)

안전망에 공이 붙어 정상적인 스윙이 어려울 때 사용하는 샷이다.

- **방법**: 백스윙을 짧게 하고, 공을 밀어내듯 간결하게 스트로크하는 방법과 공을 순간적으로 끊어 치는 기술이 있다.
- **성공 전략**: 거리를 욕심내지 말고, 다음 샷을 하기 좋은 위치로 공을 꺼내 놓는 것이 목표다.

6. 스코어 계산 가이드

라운드를 마친 뒤 손에 남는 스코어카드의 숫자는 단순한 점수가 아니다. 그 안에는 티샷의 방향 선택, 위기 상황에서의 판단, 그리고 매 샷 내려진 결정이 고스란히 담겨 있다. 숫자는 곧 그날의 플레이 과정을 기록한 결과물이다. 파크골프는 남녀노소 누구나 즐길 수 있는 스포츠인 만큼, 스코어 계산법 또한 이해하기 쉽고 명확하다.

모든 스코어는 '파(Par)'를 기준으로, 그 기준보다 타수가 적었는지 많았는지를 파악하는 방식으로 정리된다. 이 원칙만 기억하면 홀인원의 짜릿한 순간부터 더블 파의 아쉬운 결과까지 모든 결과를 정확하게 기록할 수 있다.

GRAND GREEN PARK GOLF CLUB

PARK GOLF SCORECARD

Date: 2025.08.08 Course: [Original Course Name] PIPOT

1 이○○ 2 서○○

HOLE	A	B	C	D	A	B	C	D
1	4	4			5	2		
2	4	3			6	3		
3	3	5			4	2		
4	6	2			3	4		
5	3	5			3	4		
6	7	6			2	2		
7	1	2			4	2		
8	5	4			3	2		
9	4	2			3	4		
HOLE	37	33			34	26		
18H	A+B 70		A+B		A+B 60		A+B	
36H	A+B+C+D				A+B+C+D			

3 김○○ 4 박○○

HOLE	A	B	C	D	A	B	C	D
1	3	3			6	2		
2	2	4			5	1		
3	3	8			3	2		
4	4	3			2	3		
6	1	2			6	4		
6	5	3			1	3		
7	2	5			3	3		
8	2	2			3	5		
9	6	2			4	2		
HOLE	28	32			33	25		
18H	A+B 60		A+B		A+B 58		A+B	
36H	A+B+C+D				A+B+C+D			

파크골프 스코어 카드

스코어 계산법을 제대로 알면, 경기 결과를 넘어 자신의 플레이를 되돌아보고 다음 라운드를 준비하는 즐거움까지 누릴 수 있다.

1) 스코어의 기본 원칙: '파(Par)'를 중심으로 계산하기

(1) 핵심 원리: 파(Par)를 기준으로 계산

모든 홀에는 '평균적인 플레이로 마무리했을 때의 기준 타수', 즉 파(Par)가 정해져 있다. 스코어는 이 '파'를 기준으로, 실제로 얼마나 적게, 또는 많이 쳤는지에 따라 이름이 정해진다.

(2) 타수 계산: 스윙 횟수로 계산

클럽을 휘둘러 공에 맞춘 모든 스트로크는 1타로 계산한다. 티샷부터 퍼팅까지, 공이 홀에 들어갈 때까지의 모든 샷을 빠짐없이 더한다. 실제로 클럽이 공을 맞히지 않았다면 타수에는 포함되지 않는다.

(3) 스코어 명칭: 파(Par)와의 차이가 이름이 된다

파(Par)를 기준으로 타수가 적으면 언더파(Under Par), 많으면 오버파(Over Par), 같으면 이븐파(Even Par)라고 부른다. 각 스코어는 아래와 같은 고유한 별칭을 가진다.

<table>
<tr><th rowspan="2">파 대비</th><th colspan="2">명칭</th><th rowspan="2">설명</th></tr>
<tr><th>한글</th><th>영어</th></tr>
<tr><td>-4</td><td>콘도르</td><td>Condor</td><td>파(Par) 5홀에서 1타로 홀인
(파크골프에서는 거의 전설)</td></tr>
<tr><td>-3</td><td>알바트로스</td><td>Albatross /
Double Eagle</td><td>파(Par)보다 3타 적게 친 스코어
(예: 파 5홀에서 2타)</td></tr>
<tr><td>-2</td><td>이글</td><td>Eagle</td><td>파(Par)보다 2타 적게 친 스코어
(예: 파 4홀에서 2타)</td></tr>
<tr><td>-1</td><td>버디</td><td>Birdie</td><td>파(Par)보다 1타 적게 친 스코어
(예: 파 4홀에서 3타)</td></tr>
<tr><td>0</td><td>파</td><td>Par</td><td>기준 타수와 동일하게 친 스코어</td></tr>
</table>

+1	보기	Bogey	파(Par)보다 1타 많이 친 스코어 (예: 파 4홀에서 5타)
+2	더블 보기	Double Bogey	파(Par)보다 2타 많이 친 스코어 (예: 파 4홀에서 6타)
+3	트리플 보기	Triple Bogey	파(Par)보다 3타 많이 친 스코어 (예: 파4 홀에서 7타)
+4	쿼드러플 보기	Quadruple Bogey	파(Par)보다 4타 많이 친 스코어 (예: 파 4홀에서 8타)
파의 2배	더블 파	Double Par	기준 타수의 2배를 친 스코어 (예: 파 3홀에서 6타, 파 4홀에서 8타)

Tip: 파크골프 현장

많은 파크골프장이 원활한 경기 진행을 위해 한 홀에서 '더블 파'에 도달하면 플레이를 중단하는 로컬룰을 적용한다.

2) 최고의 행운, 홀인원(Hole-in-One)

홀인원(Hole-in-One)은 첫 번째 티샷이 그대로 홀컵에 들어가는 최고의 행운을 의미한다. 같은 홀인원이라도, 홀의 기준 타수(Par)에 따라 상대적으로 스코어 명칭은 달라진다.

홀 기준 (Hole Par)	홀인원 스코어 (1타)	상대 명칭
Par 3	-2 (파보다 2타 적음)	이글 (Eagle)
Par 4	-3 (파보다 3타 적음)	알바트로스 (Albatross)
Par 5	-4 (파보다 4타 적음)	콘도르 (Condor)

Tip: 알아두면 좋은 상식

파크골프 코스는 일반 골프보다 짧아, 파4나 파5 홀에서의 홀인원은 더욱 희귀하고 전설적인 기록으로 여겨진다.

3) 실전 스코어 기록법: 흔들리지 않는 4단계 절차

정확한 스코어 기록은 좋은 습관에서 나온다. 홀마다 아래의 순서를 지키면 계산이 헷갈리거나 흔들리지 않는다.

1. **타수 계산**: 티샷부터 홀아웃까지, 실제로 공을 친 횟수를 정확하게 센다.
2. **벌타 추가**: OB, 해저드 등 벌타 상황이 있었다면, 공을 친 횟수에 벌타를 더한다. (혼란을 줄이기 위해 섞어 세지 않는다.)
3. **동반자 검산**: 홀아웃 직후, 동반자와 함께 "저 O타에 벌타 O개로 총 O타입니다."라고 짧게 구두로 확인한다.
4. **스코어카드 기록**: 아래 순서대로 기록하면 나의 플레이를 복기하기 좋다.
   - 총 타수 / 퍼팅 수 / 벌타 / 한 줄 메모
   - 예시 4 / 2 / +2(워터) / 낙하 지점 앞 전략 좋았음
   - 예시 3 / 1 / +2(언플) / 판단 빨랐음

Tip: 바로 써먹는 계산 선언-합의-조치-기록
벌타와 같은 복잡한 상황이 발생했을 때는 이 네 단계 순서만 지키면 된다. 먼저 상황을 선언하고, 동반자와 합의한 뒤, 규칙에 맞게 조치하며, 마지막으로 정확히 기록한다.

4) 파크골프 벌타의 모든 것

파크골프에서 벌타란 경기 규칙을 어기거나 정해진 절차를 지키지 않았을 때, 실제로 친 타수에 추가로 부과되는 타수를 말한다. 벌타는 선수에게 불이익을 주기 위한 처벌이 아니라, 모든 참가자가 공정한 조건에서 경기를 즐기도록 하기 위한 기준이다.

벌타가 적용되면 공을 친 횟수와는 별도로 정해진 타수가 스코어에 더해진다. 이는 경기의 흐름을 바로잡고, 규칙을 지키는 플레이가 가장 유리하다는 점을 분명히 하기 위한 장치다.

파크골프는 남녀노소 누구나 참여하는 생활 스포츠인 만큼, 벌타 규정 또한 비교적 단순하고 명확하다. 기본 원칙은 규칙을 지키면 벌타는 없다는 것이다. 따라서 벌타의 의미를 정확히 이해하면 불필요한 실수를 줄이고, 경기 운영도 훨씬 안정적으로 진행할 수 있다.

(1) 파크골프 핵심 벌타 규칙

파크골프 벌타는 이것만 기억하면 100%는 해결된다. **"모든 위반은 2벌타!"**

상황	벌타	간단 설명
OB (Out of Bounds)	+2	공이 코스 경계 밖으로 나간 경우 → 지정 위치에서 다음 샷 진행
티잉 그라운드 규정 위반	+2	티박스 밖에서 티샷하는 경우
공 교체 및 고의적 조작	+2	규정에 없는 공 교체, 손으로 건드리는 행위
공이 다시 맞음(투 터치)	+2	스윙 후 자신의 몸이나 클럽에 공이 다시 맞은 경우
오구 플레이	+2	다른 사람의 공을 침 → 원래 위치에서 다시 쳐야 함
부적절한 자세/해저드 규정 위반	+2	규칙에 어긋나는 자세로 샷을 하거나 해저드 내 규칙 위반
마크/경계선 위반	+2	마크 없이 공을 집거나, 잘못된 위치에 놓는 행위
워터해저드 (물에 빠짐)	+2	공이 물(워터 해저드)에 빠지는 경우 → 규정된 위치에 드롭 후 진행
언플레이어블 선언	+2	공이 도저히 칠 수 없는 위치에 있을 때 선언 → 선택에 따라 구제.

현장 계산 예시 (바로 감 잡기)

상황 1) Par 3홀, 워터 해저드

- 티샷이 물에 빠짐 → 2벌타(+2) 받고 규정 위치에 드롭 → 두 번째 샷(어프로치) → 세 번째 샷(퍼트)으로 홀인
- 계산: 실제 친 횟수 3타 + 벌타 2타 = 총 5타 (더블보기, +2)

상황 2) Par 4홀, 언플레이어블

- 두 번째 샷이 나무뿌리 사이에 박혀 언플레이어블 선언 → 2벌타(+2) 받고 구제 후 세 번째 샷 진행 → 이후 퍼트 2번으로 홀인
- 계산: 실제 친 횟수 5타 (티샷+세컨드+서드+퍼트2) + 벌타 2타 = 총 7타 (트리플보기, +3)

상황 3) Par 4홀, OB(Out of Bounds)

- 티샷(1타)이 OB 발생 → 2벌타(+2) 받고 지정된 위치에서 4타째 샷을 진행 → 4타째 샷으로 온그린 후 퍼트 1번으로 홀인
- 계산: 티샷(1타) + 4타째 샷(1타) + 퍼트(1타) = 실제 친 횟수 3타 + 벌타 2타 = 총 5타 (보기, +1)

(2) 벌타를 줄이는 5가지 현명한 선택

① 코스와 규칙을 먼저 확인: 티잉 구역, OB 구역, 해저드 위치, 특별 로컬룰은 반드시 샷 전에 확인한다.

② 안전한 지점을 겨냥: 위험 구간(OB나 해저드)이 있다면, 반대편 넓은 곳을 목표로 삼는다.

③ 공의 위치와 순서 준수: 정해진 위치에서 플레이하고, 타순을 지키는 습관은 기본 중의 기본이다.

④ 마크는 습관처럼: 그린 위에서는 공을 만지기 전에 항상 볼 마커부터 놓는 습관을 들인다.

⑤ 모호할 땐 확인 후 진행: 규칙이 헷갈릴 경우 임의로 판단하지 말고, 동반자와 상의하거나 운영 규칙을 확인한 뒤 플레이한다.

파크골프는 장타력보다 정확성이 중요하므로, 무리한 샷으로 벌타를 받기보다 현명한 '레이업'으로 안정적으로 타수를 관리하는 것이 더 좋은 스코어로 이어지는 경우가 많다.

레이업(Lay-up)이란, 무리하게 장애물을 넘기다 벌타를 받을 위험을 감수하는 대신, 의도적으로 장애물 앞에 공을 보내 다음 샷을 쉽게 만드는 전략이다. '벌타를 원천 봉쇄한다'는 표현은 이러한 의미를 담고 있다.

7. 경기 방식

1) 개인전

(1) 스트로크 플레이 (Stroke Play)

정해진 코스(통상 18홀)를 모두 마친 뒤, 총 타수의 합계가 가장 적은 사람이 승리하는 방식이다.

- **특징**: 가장 보편적이고 일반적인 경기 방식이다. 한 홀에서 실수하더라도 다른 홀에서 만회할 수 있으므로, 경기 전체를 운영하는 꾸준함과 평정심이 중요하다.
- **승부**: A 선수 58타, B 선수 60타라면, 더 적게 친 A 선수가 우승한다.

(2) 매치 플레이 (Match Play)

총 타수가 아니라 홀(Hole)마다 승부를 겨루는 방식이다. 이긴 홀이 많은 사람이 최종 승자가 된다.

- **특징**: 홀마다 승패가 결정되므로 공격적인 플레이가 요구된다. 한 홀에서 큰 실수를 하더라도 해당 홀만 패할 뿐, 다음 홀에서 다시 시작할 수 있어 심리전이 치열하다.
- **승부**: 1번 홀(A 승), 2번 홀(무승부), 3번 홀(A 승)과 같은 방식으로, 이긴 홀의 개수를 합산해 승부를 결정한다.

2) 단체전(경쟁 방식)

단체전은 보통 4명이 2명씩 팀을 나누어(2:2) 진행한다. 파크골프에는 고유한 경기 방식이 있어 이를 잘 이해하면 경기의 재미가 배가된다.

(1) 포 볼 (Four Ball)

'4명이 4개의 공으로 플레이한다'는 뜻으로, 같은 팀의 두 명이 각자 자신의 공으로 경기를 진행한 뒤, 둘 중 더 좋은 스코어를 해당 팀의 홀 성적으로 채택한다.

- **특징**: 팀원 중 한 명은 안전하게 파(Par)를 노리고, 다른 한 명은 과감하게 버디(Birdie)를 노리는 전략적 분담이 가능하다.
- **예시**: A팀(철수 4타, 영희 3타) vs. B팀(민수 4타, 지혜 5타)이면, A팀은 3타, B팀은 4타로 기록되어 A팀이 해당 홀에서 승리한다.

(2) 포 섬 (Four Some)

'4명이 2개의 공으로 플레이한다'는 뜻으로, 팀당 1개의 공을 사용하며 같은 팀 2명이 번갈아 가며 샷(Alternate shot)을 한다.

- **특징**: 내 샷의 결과가 파트너의 다음 샷 위치를 결정하므로, 파트너를 배려하는 샷과 팀워크가 승패를 좌우한다. 순서를 어기면 벌타가 부과되므로 주의해야 한다.
- **운영 방식의 종류**: 대회 요강에 따라 다음 4가지 중 하나를 적용한다.
  - **순차 교대**: 1번 홀 티샷부터 마지막 홀 홀아웃까지 두 사람이 번갈아 가며 샷을 이어간다.
  - **선택적 티샷 후 교대**: 팀원 2명이 모두 티샷을 한 뒤, 더 유리한 공 하나를 선택하고, 그 이후 번갈아 가며 친다.
  - **홀별 티샷 교대**: 1번 홀은 A가 티샷, 2번 홀은 B가 티샷 하는 식으로 티샷 순서를 정해두고, 세컨드 샷부터는 교대로 친다.
  - **자율 티샷**: 매 홀 티샷을 누가 할지 팀 내에서 상의하여 결정하고, 세컨드 샷부터 교대로 친다.

(3) 베스트 볼 (Best Ball & Scramble)

파크골프에서 가장 인기 있는 이벤트 게임 방식으로, 일반 골프의 '스크램블(Scramble)' 방식을 혼용해 적용한다.

- **진행 순서**
  - 팀원 2명이 각자 티샷을 한다.
  - 두 공 중 가장 유리한 위치에 있는 공 하나를 선택한다.
  - 선택받지 못한 공은 집어 올린다.
  - 선택된 공의 위치에서 다시 팀원 2명이(혹은 순서에 따라 1명이) 다음 샷을 이어간다.

• **특징**: 항상 좋은 위치에서 다음 샷을 할 수 있기 때문에 점수가 잘 나오며, 초보자도 상급자와 팀을 이뤄 즐겁게 경기할 수 있다.

한눈에 보는 경기 방식 비교

구분	경기 방식	공의 개수 (팀당)	타수 계산	특징
개인전	스트로크	1개 (개인별)	총 타수 합계	가장 기본적, 꾸준함이 중요
	매치	1개 (개인별)	승리한 홀 수	홀마다 승부, 공격적 플레이
단체전	포 볼	2개 (개인별)	팀 내 최저타	각자 플레이 후 좋은 점수 채택
	포 섬	1개(팀별)	홀 타수 합계	1개의 공을 번갈아 타격, 고도의 팀워크
	베스트 볼	2개(티샷 시)	홀 타수 합계	좋은 위치의 공을 선택하여 진행 (초보자 배려)

3) 동타 시 순위 결정 방식

파크골프 대회에서 총 타수가 같은 경우(동타)가 발생하면 사전에 정해진 규칙에 따라 순위를 결정한다. 이는 대회의 권위와 공정성을 유지하기 위한 절차다. 순위 결정 방식은 현장에서 직접 대결하는 '서든 데스'와 기록지를 비교하는 '백카운트' 방식으로 나뉘며, 적용 방식은 대회 당일 가이드라인에 따라 결정된다.

(1) 서든 데스 (Sudden Death): '승부가 날 때까지'

말 그대로 '단판 승부'를 의미하며, 주로 우승자를 가려야 하는 결승전 등 중요한 순위 결정에 사용된다. 지정된 홀에서 연장전을 치러, 단 1타라도 적게 친 선수가 즉시 승리하고 경기는 종료된다.

• **파크골프의 특징 (니어핀 승부)**: 일반 골프처럼 계속 홀을 이동하며 경기하기에는 시간 소요가 크기 때문에, 파크골프에서는 통상 지정된 Par 3 홀에서 '니어핀 (Nearpin)' 방식을 많이 적용한다.

- **방법**: 선수들이 번갈아 가며 티샷한다.
- **승패**: 홀 컵에 더 가깝게 붙인 선수가 승리한다(단, 한 번에 넣는 '홀인원'이 나오면 거리에 상관없이 무조건 승리).

(2) 백 카운트 (Back Count): '후반에 강한 선수가 승리'

참가자가 많은 대회에서 모든 동타자를 데리고 연장전을 치를 수는 없다. 이때 스코어카드의 기록을 역순으로 비교하여 순위를 가르는 방식을 '백 카운트(Back Count)'라고 한다. 핵심은 '경기의 후반부(뒷심)를 잘한 선수에게 더 높은 점수를 준다'는 것이다.

- **18홀 경기인 경우(A, B코스)**, 두 선수의 18홀 합계 타수가 같다면, 다음 순서로 비교하여 승자를 가린다.
  - **코스별 비교**: 나중에 경기한 B코스의 합계 타수가 낮은 사람이 승리한다.
  - **홀별 역순 비교**: B코스 합계도 같다면, B코스 마지막 홀인 9번 홀의 타수를 비교한다.
  - **반복**: 9번 홀도 같다면 8번, 7번… 순으로 거슬러 올라가며 비교하여, 먼저 낮은 타수가 나온 사람이 승리한다.

- **36홀 경기인 경우**: 규모가 큰 대회에서는 A·B·C·D 네 개 코스를 돌며, 마지막에 플레이한 코스부터 역순으로 비교한다.
  - **코스 합계 역순 비교**: D코스 합계→ C코스 합계 → B코스 합계 순으로 낮은 사람이 승리한다.
  - **홀별 역순 비교**: 모든 코스 합계가 같다면, 마지막 D코스 9번 **홀**부터 역순(9→8→7…)으로 비교한다.

경기 규모	1단계 (총점 동타 시)	2단계 (1단계 동타 시)	3단계 (2단계 동타 시)
18홀 (A - B)	B코스 총 타수 비교	B-9번 홀 타수 비교	B-8번 → B-1번 순으로 계속 역순 비교
36홀 (A-B-C-D)	D코스 총 타수 비교	C코스, B코스 순으로 총 타수 비교	D-9번 → D-1번 순으로 계속 역순 비교

제3장
파크골프, 건강하게 즐기기
부상 예방과 관리

파크골프는 모든 연령대가 즐길 수 있는 안전한 생활 스포츠다. 그러나 반복되는 스윙 동작이나 준비운동이 부족할 경우 예기치 못한 부상이 발생할 수 있다. 특히 근육과 관절의 탄력이 떨어지는 중·장년층과 노년층의 경우 부상 위험이 상대적으로 높다. 이 장에서는 파크골프에서 흔히 발생하는 부상의 종류와 원인을 살펴보고, 이를 예방하기 위한 스트레칭과 근력 운동 등 실천 가능한 예방법을 소개한다. 또한 부상 발생 시 올바르게 대처하는 방법까지 함께 안내하여 파크골프를 보다 건강하고 지속적으로 즐길 수 있도록 돕는다.

1. 파크골프에서 주로 발생하는 부상

파크골프는 세대와 성별을 아우르며 누구나 쉽게 즐길 수 있는 매력적인 스포츠다. 일반 골프에 비해 스윙 동작이 간결하고 몸에 가해지는 부담이 적어 비교적 안전한 운동으로 알려져 있다. 하지만 바로 이 점이 방심으로 이어지면서, 부상의 위험을 키우는 경우가 있다. '가벼운 운동'이라는 인식 때문에 충분한 준비운동을 생략하거나, 잘못된 자세를 교정하지 않은 채 같은 동작을 반복하는 일이 흔하다. 처음에는 별다른 불편함이 없어 보여도, 이러한 습관이 쌓이면 몸에 무리가 될 수 있다.

특히 중·장년층과 노년층의 경우, 나이가 들면서 근력 감소와 관절의 유연성 감소로 인해 작은 충격이나 잘못된 움직임에도 만성 통증이나 부상으로 이어질 가능성이 높다. 따라서 파크골프를 오래도록 안전하게 즐기기 위해서는, 발생 가능한 부상의 종류와 원인을 정확히 이해하고, 이를 예방하려는 꾸준한 노력이 필요하다.

파크골프에서 주의해야 할 대표적인 부상은 다음과 같다.

- **손목 통증**: 잘못된 그립으로 스윙을 반복하면 손목이 꺾이거나, 힘줄에 염증이 생길 수 있다. 특히 불필요하게 힘을 주는 경우 손목 부담이 커진다.
- **어깨 통증**: 백스윙과 팔로우스루 동작이 반복되면서 어깨 관절에 무리가 가해질 수 있다. 준비운동이 부족하거나 몸이 경직된 상태일수록 통증이 쉽게 생긴다.
- **허리 통증**: 복부와 허리를 지탱하는 중심 근육, 즉 코어 근력이 약한 상태에서 몸을 비트는 스윙을 하면 허리에 부담이 집중되어 통증이 생긴다.
- **무릎 및 발목 부상**: 코스를 이동하는 동안 울퉁불퉁한 지면을 밟거나 방향을 갑자기 바꿀 때 무릎과 발목 관절에 부담이 가해져 부상이 발생할 수 있다.

2. 부위별 주요 부상과 관리 방법

1) 손목과 팔꿈치 부상

손목과 팔꿈치는 임팩트 순간의 충격을 가장 직접적으로 흡수하는 부위다. 이 충격이 반복적으로 누적되면 다양한 형태의 통증과 염증이 발생할 수 있다. 가장 흔한 부상은 손목 염좌(삠)와 건초염이다.

클럽을 너무 강하게 쥐거나, 부정확한 자세에서 무리하게 스윙할 경우, 손목이 과도하게 꺾이면서 인대나 힘줄이 손상될 수 있다. 특히 반복적인 연습 후 손목이 붓거나 특정 동작에서 통증이 느껴진다면 건초염을 의심해 볼 수 있다.

팔꿈치 부상은 흔히 '골프 엘보(Golf Elbow)'라고 불리는 내측상과염이 대표적이다. 이는 팔꿈치 안쪽의 힘줄에 염증이 생기는 질환으로, 다운스윙 시 손목에 힘을 과도하게 주거나 뒤땅을 치는 충격이 반복될 때 발생하기 쉽다. 초기에는 가벼운 통증이나 뻐근함으로 시작하지만, 방치하면 일상 동작에서도 통증이 지속될 수 있다.

[출처: BruceBlaus, CC BY-SA 4.0, via Wikimedia Commons]

손목과 팔꿈치 부상 부위

(1) 준비운동: 충격에 대비하는 관절 단련

손목과 팔꿈치는 작은 근육과 인대가 복잡하게 연결된 부위로, 운동 전 세심한 준비가 필요하다. 적절한 스트레칭은 관절의 유연성을 높이고 충격 흡수 능력을 향상시켜, 통증과 부상을 예방하는 데 중요한 역할을 한다.

- **손목 돌리기**
  ① 양손에 깍지를 끼고 팔을 앞으로 곧게 편다.
  ② 손목의 힘을 이용하여 부드럽게 원을 그리듯 움직인다.
  ③ 시계 방향으로 10회, 반시계 방향으로 10회 부드럽게 반복한다.

- **손목 굽힘 및 폄 스트레칭**
  ① 팔을 앞으로 곧게 뻗고 손바닥이 아래를 향하게 한다. 반대 손으로 손등을 잡아 몸 쪽으로 15초간 부드럽게 당긴다.
  ② 이번에는 손바닥이 위를 향하게 하고, 반대 손으로 손가락 부분을 잡아 아래 방향으로 15초간 천천히 당긴다.
  ③ 좌우 양쪽 손을 번갈아 가며 각각 3회 반복한다.

- **아래팔 뒤침 및 엎침**
  ① 팔꿈치를 90도로 구부려 옆구리에 가볍게 고정한다.
  ② 손바닥이 하늘을 향하도록 천천히 뒤집고, 다시 바닥을 향하도록 뒤집는 동작을 반복한다.
  ③ 15회 반복하며, 이 동작은 팔꿈치 통증(골프 엘보) 예방에 도움이 된다.

- **가벼운 주먹 쥐기**
  ① 손에 힘을 빼고 편안하게 편 상태에서, 모든 손가락을 이용해 주먹을 가볍게 쥐었다가 편다.
  ② 이 동작을 20회 반복하여 손가락과 손목의 혈액순환을 돕는다.

(2) 예방법: 올바른 습관과 꾸준한 강화

- **적절한 그립 압력**: 그립은 '날달걀을 쥐듯' 너무 강하지 않게 잡는 것이 이상적이다. 과도한 힘은 손목과 팔꿈치에 불필요한 긴장을 유발한다.
- **꾸준한 스트레칭**: 위에 소개된 준비운동을 경기 전뿐만 아니라 일상생활에

서도 반복해 관절의 유연성을 유지한다.

- **근력 강화**: 악력기나 가벼운 아령을 이용해 손목 주변 근육을 단련하면 외부 충격으로부터 관절을 보호하는 데 도움이 된다.

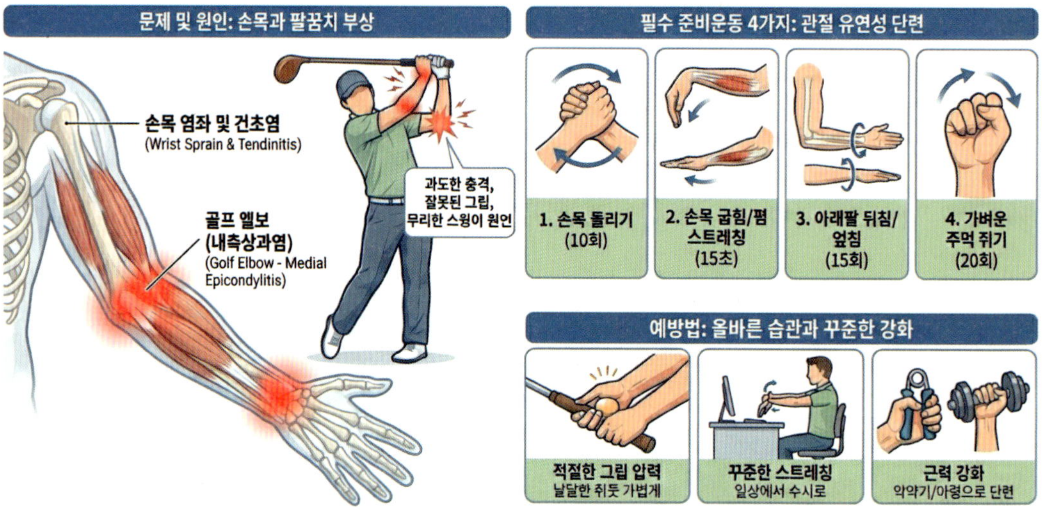

손목과 팔꿈치 부상 예방 가이드

2) 어깨 관절 부상(회전근개 손상)

어깨는 스윙의 중심축 역할을 하는 매우 중요한 부위다. 하지만 나이가 들면서 관절과 근육의 유연성이 떨어지면 부상 위험이 커진다. 특히 회전근개라 불리는, 어깨를 감싸고 있는 4개의 작은 근육(극상근, 극하근, 견갑하근, 소원근)이 손상되면 팔을 특정 각도로 들 때 아프고, 야간에 통증이 심해지는 특징이 있다.

스윙할 때 팔을 너무 높이 들어 올리는 동작(오버 스윙)을 하거나, 어깨 회전이 부드럽지 못한 상태에서 무리하게 힘을 가하면 이 근육들에 과부하가 걸려 미세한 손상이 발생하고, 이것이 누적되어 통증과 기능 저하로 이어질 수 있다.

(1) 준비운동

운동 시작 전, 최소 5~10분 정도 어깨 관절과 주변 근육을 충분히 풀어주는 것은 부상 예방의 핵심이다. 준비운동은 근육의 온도를 높여 혈액순환을 촉진하고, 관절의 가동 범위를 넓혀 부드럽고 안정적인 스윙을 가능하게 한다.

- **가벼운 팔 돌리기**
  - ① 허리를 약간 숙이고 한쪽 팔에 힘을 뺀 채 바닥으로 늘어뜨린다.
  - ② 마치 시계추처럼 팔을 앞뒤, 좌우로 부드럽게 흔들어 준다.
  - ③ 천천히 원을 그리듯 바깥쪽으로 10회, 안쪽으로 10회 돌려준다.
  - ④ 반대쪽 팔도 동일하게 반복한다.
- **어깨 돌리기**
  - ① 차렷 자세에서 양쪽 어깨를 귀에 닿을 듯이 천천히 끌어올렸다가 힘을 빼고 '툭' 내린다. (5회 반복)
  - ② 어깨를 뒤쪽으로 원을 그리듯 천천히 10회 돌리고, 다시 앞쪽으로 10회 돌려준다.
- **가슴 가로질러 팔 당기기**
  - ① 한쪽 팔을 앞으로 뻗어 반대쪽 어깨 높이로 가져온다.
  - ② 다른 쪽 팔로 뻗은 팔의 팔꿈치 부분을 감싸 가슴 쪽으로 부드럽게 당긴다.
  - ③ 어깨 뒤쪽 근육이 늘어나는 것을 느끼며 15초간 유지한다. (양쪽 3회 반복)
- **클럽을 이용한 어깨 스트레칭**
  - ① 양손으로 클럽의 양 끝을 잡고 등 뒤로 넘긴다.
  - ② 허리를 편 상태에서 클럽을 천천히 위로 들어 올리며 어깨 앞쪽과 가슴 근육을 늘려준다. (15초 유지, 3회 반복)

(2) 예방법: 꾸준한 관리로 만드는 튼튼한 어깨

일상생활에서 꾸준히 어깨 주변 근육을 강화하고 유연성을 기르는 것이 중요하다.

- **어깨 돌리기 및 벽 짚고 팔 위로 올리기**: 위에 소개된 준비운동 동작을 평상시에 꾸준히 시행한다.
- **밴드 운동**: 가벼운 저항 밴드를 이용해 팔을 안쪽, 바깥쪽으로 돌리는 운동은 회전근개를 직접적으로 강화하는 데 매우 효과적이다.

회전근개 보호와 부상 예방

3) 허리(요추) 관련 부상

파크골프 스윙의 핵심은 몸통의 회전력을 이용하는 것이다. 이 과정에서 상체를 비트는 동작이 반복되면서 허리, 특히 요추 부위에 지속적인 부담을 준다. 허리를 안정적으로 잡아주는 코어 근육(복부, 등, 엉덩이 근육)이 약할 경우, 이 부담을 이기지 못하고 통증이 발생하기 쉽다. 심한 경우 척추뼈 사이의 디스크가 탈출하는 추간판 탈출증(허리디스크)으로 이어질 수도 있다.

스윙 시 몸의 중심이 한쪽으로 심하게 쏠리거나, 골반과 상체의 회전을 함께 사용하지 않고 허리만 급하게 돌리는 동작은 허리 부상을 유발하는 가장 주된 원인이다.

(1) 준비운동: 회전 운동을 위한 허리 보호막 만들기

운동 전 허리 주변 근육을 부드럽게 이완하고, 척추의 정렬을 바르게 하는 준비운동은 부상 위험을 크게 낮춰준다. 허리에 강한 충격이나 과도한 비틀림 없이 점진적으로 관절의 가동 범위를 넓히는 것이 중요하다.

- **고양이-소 자세**
  ① 매트나 잔디 위에 무릎과 손을 대고 네 발 기기 자세를 취한다. 이때 손목은 어깨 아래에, 무릎은 골반 아래에 둔다.
  ② 숨을 내쉬며 등을 천장 쪽으로 둥글게 말아 올리고, 시선은 배꼽을 향한다. (고양이 자세)
  ③ 숨을 들이마시며 허리를 바닥 쪽으로 오목하게 내리고, 가슴을 활짝 열며 시선은 정면을 본다. (소 자세)
  ④ 두 동작을 연결해 10회 천천히 반복하며, 척추 마디마디가 부드럽게 움직이는 느낌에 집중한다.
- **클럽을 이용한 몸통 회전**
  ① 양발을 어깨너비로 벌리고 무릎을 살짝 구부려 안정적인 자세를 취한다.
  ② 클럽을 양쪽 어깨에 걸치고 양손으로 가볍게 고정한다.
  ③ 골반은 정면을 향한 상태로 유지한 채, 상체를 좌우로 천천히 회전시킨다. 허리가 아닌 등과 가슴이 돌아가는 느낌에 집중한다.
  ④ 좌우로 15~20회, 반동 없이 부드럽게 반복한다.
- **누워서 무릎 가슴으로 당기기**
  ① 편안하게 등을 대고 편안하게 눕는다.
  ② 한쪽 무릎을 양손으로 감싸 가슴 쪽으로 지그시 당겨준다. 15초간 유지한다. 이때 엉덩이와 허리 아랫부분이 늘어나는 것을 느낀다.
  ③ 반대쪽도 동일하게 시행하며, 좌우 각각 3회 반복한다.

(2) 예방법: 근본적인 해결책, 코어 근육 강화

허리 부상을 장기적으로 예방하는 가장 확실한 방법은 척추를 안정적으로 지지하는 코어 근육을 강화하는 것이다.

- 플랭크(Plank), 브릿지(Bridge, 누워서 엉덩이 들기), 버드 독(Bird-dog)과 같은 운동은 허리에 부담을 주지 않으면서 심부 근육을 효과적으로 단련할 수 있다. 이러한 운동은 척추를 보호하는 천연 코르셋 역할을 하며, 파크골프 스윙 시 허리에 가해지는 부담을 줄여준다.

허리(요추) 부상 예방 및 관리 가이드

4) 무릎 및 발목 통증

무릎과 발목은 걷거나 스윙 자세를 취할 때 체중을 그대로 지탱하는 핵심 관절이다. 이 관절들은 우리 몸의 '기초'와 같아서, 기반이 불안정하면 스윙 동작 전체가 흔들릴 수 있다. 특히 경사진 코스를 오르내리거나, 울퉁불퉁한 잔디 위를 오래 걷다 보면, 자신도 모르는 사이 무릎과 발목에 피로와 부담이 계속 쌓이게 된다.

가장 흔한 급성 부상은 발목 염좌(일명 발목 삠)로, 고르지 않은 지면에서 균형을 잃었을 때 발생하기 쉽다. 또한, 반복적인 충격과 마찰로 인해 무릎 연골이나 인대에 통증이 생기거나, 발바닥 근막에 염증이 생기는 족저근막염이 발생하기도 한다. 이러한 문제는 단순한 불편감을 넘어 플레이의 지속성을 떨어뜨리는 원인이 되기도 한다.

(1) 준비운동

라운딩 전 하체 관절과 근육을 충분히 풀어주는 것은 부상 예방의 첫걸음이다. 특히 발목과 무릎의 가동성을 높이고 균형감각을 깨워주면, 어떠한 지면 상태에서도 안정적인 자세로 스윙하는 데 큰 도움이 된다.

- **제자리에서 무릎 높이 들기**
  ① 가볍게 제자리걸음을 하다가, 점차 무릎을 허리 높이까지 번갈아 높이 들어 올린다.
  ② 30초간 반복하며 하체 전반의 혈액순환을 촉진하고 체온을 높여준다.
- **다리 흔들기**
  ① 클럽이나 벽을 한 손으로 짚어 몸의 균형을 잡는다.
  ② 한쪽 다리에 힘을 빼고, 시계추처럼 앞뒤로 10~15회 부드럽게 흔든다.
  ③ 이어서 같은 다리를 좌우로도 10~15회 흔들어 고관절과 무릎 관절의 긴장을 풀어준다.
  ④ 반대쪽 다리도 같은 방법으로 반복한다.
- **발목 돌리기 및 굽힘/폄**
  ① 균형을 잡고 서서 한쪽 발을 가볍게 들어 올린다.
  ② 발끝으로 원을 그리듯 시계 방향으로 10회, 반시계 방향으로 10회 천천히 돌린다.

③ 이어서 발목을 몸 쪽으로 최대한 당겼다가(굽힘), 발끝을 아래로 쭉 펴주는 동작(폄)을 10회 반복한다.

• **발뒤꿈치와 발끝 번갈아 들기**

① 양발을 골반 너비로 벌리고 선다.

② 발뒤꿈치를 최대한 높이 들어 올려 까치발 자세로 2초간 유지한 뒤 천천히 내린다.

③ 이번에는 발끝을 몸 쪽으로 당겨 발뒤꿈치로 서서 2초간 유지한다.

④ 두 동작을 10~15회 반복하여 종아리와 정강이 근육을 활성화된다.

(2) 예방법: 튼튼한 하체, 최고의 부상 예방책

• **하체 근력 강화**: 스쿼트(의자에 앉았다 일어서기), 런지, 까치발 들기와 같은 운동을 통해 무릎과 발목 주변 근육을 단련하는 것이 중요하다.

• **균형 감각 훈련**: 한 발로 서서 균형을 잡는 연습은 발목의 안정성을 높여 염좌 예방에 효과적이다.

• **적절한 신발 착용**: 발이 편하고, 지면을 잘 잡아주는 접지력과 충격 흡수력이 좋은 신발을 선택해야 한다. 이는 관절을 보호하는 가장 기본적인 조건이다.

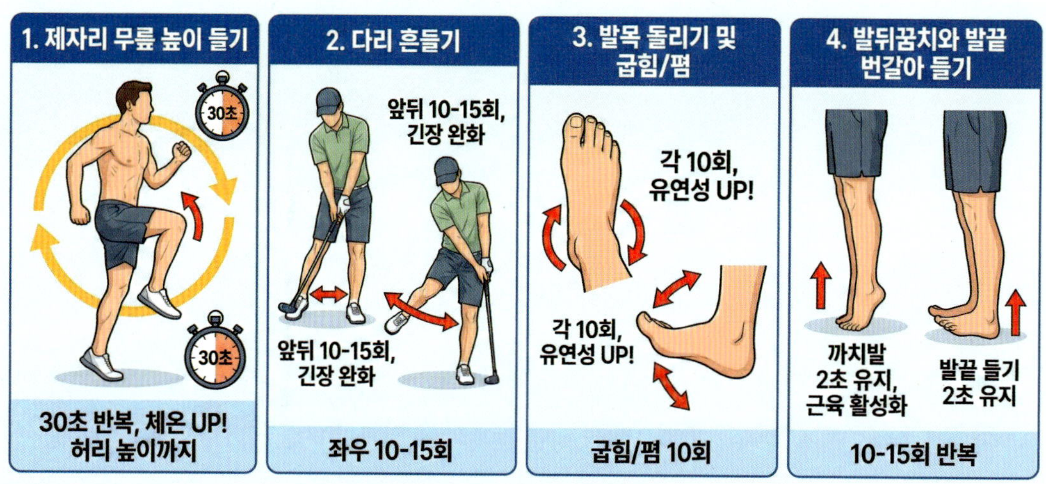

파크골프 필수 하체 준비운동 4가지

5) 부상의 진짜 원인, 운동 습관 돌아보기

파크골프에서 발생하는 부상은 대부분 어느 날 갑자기 생기기보다는, 잘못된 운동 습관이 오랜 시간 쌓이면서 나타난다. 자신의 플레이를 점검해 보면 다음과 같은 원인을 발견할 수 있다.

- **첫째, 잘못된 스윙 자세:** 중심축이 흔들리거나 팔의 힘에만 의존해 공을 치면 특정 관절에 과도한 부담이 집중되어 통증이나 부상으로 이어질 수 있다.
- **둘째, 준비운동 부족:** 충분한 준비운동 없이 바로 스윙을 시작하면 굳어있던 근육과 인대가 갑작스러운 움직임에 놀라 다칠 수 있다.
- **셋째, 지나친 연습:** 휴식 없이 오랜 시간 연습을 이어가면 피로가 누적되어 만성 통증의 원인이 된다.
- **넷째, 맞지 않는 장비:** 자신의 체형과 맞지 않는 클럽이나 불편한 신발도 관절에 불필요한 부담을 주어 부상을 유발할 수 있다.

결국 부상을 예방하는 가장 확실한 방법은 올바른 자세를 익히고, 운동 전후 스트레칭을 생활화하며, 자신의 몸 상태에 맞는 운동 계획을 세우는 것이다. 이러한 작은 습관의 변화가 파크골프를 오래도록 건강하게 즐기게 해주는 가장 든든한 기반이 된다.

6) 부상 예방의 시작, 스트레칭과 유연성 운동

스트레칭은 부상을 막고 스윙을 한층 더 부드럽게 만들어 주는 가장 기본이자 중요한 활동이다. 꾸준한 스트레칭은 관절의 가동 범위를 넓히고 근육의 긴장을 조절해, 파크골프를 보다 안전하고 편안하게 즐길 수 있도록 돕는다.

(1) 운동 전에는 '움직이는 동적 스트레칭'

운동 전에는 몸의 체온을 서서히 올리고 관절과 근육을 깨워주는 동적 스트레칭이 좋다. 팔 돌리기, 어깨 돌리기, 허리 좌우로 비틀기, 가볍게 제자리 걷기 등을 통해 몸을 풀어준다. 이러한 준비 과정은 갑작스러운 움직임으로 인한 부상을 예방하는 데 효과적이다.

(2) 운동 후에는 ‘멈춰서 하는 정적 스트레칭’

운동을 마친 후에는 사용한 근육의 긴장을 풀어주는 정적 스트레칭이 필요하다. 각 동작을 15~30초 정도 유지하며 반동 없이 늘려준다. 허벅지 뒤쪽과 종아리, 어깨와 허리, 손목 등 그날 많이 사용한 부위를 중심으로 꼼꼼히 풀어주는 것이 좋다.

스트레칭은 운동 전후에만 국한되지 않는다. 아침에 일어났을 때, TV를 보면서, 잠들기 전과 같이 일상 속 짧은 시간에 반복적으로 실천하면 유연성을 유지하고 부상 위험을 크게 줄일 수 있다. 유연한 몸은 안전한 플레이를 위한 핵심이며, 파크골프를 오랫동안 즐기게 해주는 가장 확실한 자산이다.

3. 부상을 예방하는 장비와 복장

파크골프는 장비가 간단해 보이지만, 올바른 장비와 복장을 갖추는 것은 부상을 막고 경기를 더욱 즐겁게 만드는 데 매우 중요한 요소다. 특히 다양한 연령층이 함께 즐기는 스포츠인 만큼, 안전과 편안함을 생각한 준비는 필수이다. 충격을 효과적으로 흡수하는 좋은 신발이 무릎과 발목을 보호하고, 기능성 옷이 땀을 빠르게 배출해 몸을 쾌적하게 유지해 준다. 이처럼, 장비와 복장은 단순한 멋이 아니라 신체를 안전하게 지켜주는 역할을 한다.

1) 나에게 꼭 맞는 클럽 고르기

클럽은 스윙의 안정성과 부상 예방을 좌우하는 가장 핵심적인 장비다.

(1) 클럽 길이: 허리를 편안하게

클럽이 너무 짧으면 공을 치기 위해 허리를 과도하게 숙이게 되어 허리 통증이 생길 수 있다. 반대로 너무 길면 팔과 어깨를 부자연스럽게 뻗게 되어 손목과 어깨에 무리가 간다. 어드레스 자세에서 허리와 팔이 편안한 상태로 클럽 헤드가 자연스럽게 땅에 닿는 길이를 선택하는 것이 바람직하다.

(2) 클럽 무게: 어깨와 손목을 가볍게

클럽이 지나치게 무거우면 스윙할 때마다 손목과 어깨에 부담이 쌓여 팔꿈치 통증이나 어깨 통증으로 이어질 수 있다. 반대로 너무 가벼운 클럽은 스윙이 흔들리면서 손목을 과도하게 사용하게 된다. 자신의 체력에 맞는 적절한 무게의 클럽을 고르는 것이 중요하다.

(3) 그립: 손에 자연스럽게 감기게

그립이 손에 비해 너무 얇으면 손목 사용이 많아져 통증이 생기기 쉽고, 너무 두꺼우면 손에 불필요한 힘이 들어가 쉽게 피로해진다. 그립을 잡았을 때 손에 자연스럽게 감기면서도 세게 쥐지 않아도 안정감이 느껴지는 두께가 가장 좋다.

2) 공과 티, 기본부터 꼼꼼하게

(1) 공의 재질

파크골프 공은 규격에 맞는 제품을 사용해야 한다. 비규격이거나 지나치게 무거운 공은 임팩트 순간의 충격이 손목과 팔꿈치에 그대로 전달되어 부상을 일으킬 수 있다.

(2) 티 높이

티 높이가 맞지 않으면 스윙 자세가 불안정해져 어깨와 허리에 부담을 준다. 자신에게 편안한 티 높이를 찾아 사용하는 것이 좋다.

3) 신발: 발과 하체를 지키는 가장 중요한 장비

파크골프는 잔디, 흙, 경사지 등 다양한 환경을 계속 걸어야 하므로 신발 선택이 무엇보다 중요하다. 적절한 신발은 발의 피로를 줄일 뿐 아니라 무릎과 허리를 보호해 부상 예방에 큰 역할을 한다.

(1) 쿠션감

충격 흡수가 우수한 신발은 걸을 때마다 무릎과 허리에 전해지는 부담을 효과적으로 줄여준다. 반대로 쿠션이 부족한 신발은 발바닥이나 무릎 통증의 원인이 될 수 있다.

(2) 미끄럼 방지 기능

밑창의 접지력이 좋아야 경사지나 젖은 잔디에서도 미끄러짐을 방지할 수 있다. 이는 발목을 삐거나 넘어지는 사고를 예방할 수 있다.

(3) 발목 지지 기능

발목을 안정적으로 잡아주는 신발을 선택하는 것이 좋다. 특히 발목이 약한 경우에는 발목을 어느 정도 감싸주는 디자인의 신발이 안전하다.

(4) 편안한 사이즈

발에 꼭 맞는 사이즈의 신발을 신어야 물집이 생기지 않고, 장시간 걷더라도 안정적인 걸음이 가능하다.

4) 복장: 계절과 날씨에 맞춰 지혜롭게

복장은 편안함을 제공하는 동시에, 날씨 변화로부터 몸을 보호하는 중요한 역할을 한다. 계절과 환경에 맞는 복장을 선택하면 플레이의 질은 물론, 부상 예방에도 도움이 된다.

(1) 여름철에는 시원하고 안전하게

여름에는 땀이 잘 마르는 통기성 좋은 소재의 옷을 입는 것이 좋다. 자외선을 차단하기 위해 모자와 선글라스, 팔 토시를 착용하고, 밝은 색상의 옷을 입으면 햇볕 흡수를 줄여 더위를 피하는 데 도움이 된다.

(2) 겨울철에는 따뜻하고 편안하게

겨울에는 너무 두꺼운 옷보다 얇은 옷을 여러 겹 겹쳐 입는 것이 보온성과 활동성을 모두 만족시킨다. 장갑은 손을 따뜻하게 유지해 주고 클럽이 미끄러지는 것을 방지해 안정적인 스윙을 돕는다.

(3) 비 오는 날에는 쾌적하게

비 오는 날에는 방수 기능이 있는 옷과 미끄럼 방지 기능이 있는 신발을 착용하는 것이 필수다. 단, 공식 경기에서는 장화 착용이 허용되지 않는다는 점을 유의해야 한다. 옷이 젖으면 체온이 급격히 떨어져 근육이 경직될 수 있으므로, 여벌 옷을 챙기는 것도 좋은 방법이다.

5) 안전한 파크 골프를 위한 보호 장비 활용

즐겁고 지속적인 파크 골프 활동을 위해서는 무엇보다 부상 예방이 중요하다. 자신의 신체 상태에 맞게 적절한 보호 장비를 사용하는 것이 현명하다. 보호 장비는 단순한 액세서리가 아니라, 안전을 확보하고 경기력을 안정적으로 유지하는 데 중요한 역할을 한다.

(1) 관절 보호 및 충격 완화: 손목/무릎 보호대

평소 손목이나 무릎 관절이 약하거나 통증을 느낀다면 보호대 착용을 적극 권장한다. 보호대 착용을 고려하는 것이 좋다. 보호대는 관절을 안정적으로 지지하여 스윙이나 보행 시 발생하는 충격을 효과적으로 분산시키고 흡수한다. 이를 통해 부상 위험을 줄이고 심리적 안정감을 더해 플레이에 더욱 집중할 수 있다.

(2) 자외선 차단 및 온열 질환 예방: 모자와 선글라스

강한 햇볕 아래에서 장시간 라운드를 즐기기 위해서는 모자와 선글라스가 필수다.

- **모자**: 직사광선을 효과적으로 차단하여 두피와 얼굴 피부를 보호하며, 일사병이나 열사병과 같은 온열 질환을 예방하는 데 결정적인 역할을 한다.
- **선글라스**: 자외선으로부터 눈을 보호하고, 강한 햇빛으로 인한 눈부심을 줄여 시야를 선명하게 유지해 준다. 이는 퍼팅이나 어프로치 시 집중력을 높이는 데에도 도움이 된다.

(3) 그립 안정성 및 손 보호: 장갑

정확한 샷과 손의 보호를 위해 장갑 착용은 매우 중요하다.

- **미끄러움 방지**: 땀이나 습기로 인해 클럽이 손에서 미끄러지는 현상을 막아 안정적인 그립을 유지해 준다. 이는 곧 샷의 일관성과 정확성 향상으로 이어진다.
- **피부 보호**: 반복적인 스윙으로 인해 손바닥에 물집이 생기거나 굳은살이 생기는 것을 예방해 손의 피로를 줄이고, 장시간 플레이에서도 좋은 컨디션을 유지할 수 있도록 돕는다.

4. 라운딩 중 체력 관리: 수분과 영양 보충

파크골프는 즐거운 걷기 운동이지만, 햇볕 아래에서 장시간 플레이하다 보면 자신도 모르게 땀으로 많은 수분을 잃게 된다. 라운딩을 끝까지 좋은 컨디션으로 마치기 위해서는 계획적인 수분과 영양 보충이 필수다.

(1) 수분 보충: 갈증을 느끼기 전에 미리미리

'목이 마르다'고 느낄 때는 이미 우리 몸에 수분이 부족해진 상태이다. 수분이 부족하면 집중력이 떨어지고, 심하면 근육경련이나 어지럼증이 생길 수 있다.

- **경기 시작 전:** 라운딩 시작 전에 물 한 컵(약 200~300ml)을 미리 마신다.

- **경기 중에는 조금씩 자주**: 15~20분 간격으로 한두 모금씩(약 100~150ml) 꾸준히 마시는 것이 가장 효과적이다. 한 번에 많이 마시는 것보다 몸에 부담 없이 흡수된다.
- **땀을 많이 흘렸다면**: 땀을 유독 많이 흘린 날에는 물과 함께 이온 음료를 마셔주면 수분과 함께 빠져나간 미네랄(전해질)을 보충할 수 있다.

(2) 영양 보충: 후반 홀을 위한 에너지 충전

라운딩이 길어질수록 에너지가 떨어져 후반 홀에서 집중력이 흐트러지기 쉽다. 이때 간단한 간식은 경기력을 유지하는 데 큰 도움이 된다.

- **어떤 간식이 좋을까?**: 바나나, 소량의 초콜릿, 견과류, 에너지바처럼 부피가 작고 바로 에너지로 전환될 수 있는 음식이 적합하다.
- **언제 먹는 것이 좋을까?**: 9홀을 마친 후 휴식 시간이나 홀을 이동하는 중에 간단히 섭취하면 좋다.
- **주의할 점**: 기름진 음식은 소화가 느려 몸을 무겁게 할 수 있으므로 피하는 것이 좋다.

(3) 지치지 않는 라운딩의 비결: 현명한 휴식과 페이스 조절

파크골프는 18홀을 도는 비교적 긴 여정이다. 처음부터 끝까지 좋은 컨디션을 유지하려면 중간중간 적절히 휴식을 취하고, 자신만의 속도를 조절하는 지혜가 필요하다.

- **짧은 휴식 (홀 이동 중)**: 앞 팀을 기다리거나 다음 홀로 이동할 때, 잠시 걸음을 늦추고 어깨를 돌리거나 가볍게 허리를 비틀어 준다. 짧은 동작이라도 굳어있는 근육을 풀어주는 것이 중요하다.
- **긴 휴식 (9홀 종료 후)**: 그늘에 앉아 물이나 간식을 섭취하며 잠시 숨을 고른다. 무릎이나 허리가 뻐근하다면 잠시 시원한 물수건 등으로 찜질해 주는 것도 통증 완화에 도움이 된다.

(4) 페이스 조절: 18홀을 완주하는 지혜

마라톤 선수가 처음부터 전력 질주하지 않듯, 파크골프도 힘을 안배하는 것이 중요하다.

- **초반 (1~6홀)**: 첫 홀부터 너무 의욕이 앞서 힘이 들어가기 쉽다. 초반에는 '몸을 푼다'는 생각으로 평소 스윙의 80% 힘으로 부드럽게 시작한다.
- **중반 (7~12홀)**: 몸이 완전히 풀리고 리듬이 가장 안정되는 구간입니다. 일정한 리듬과 호흡을 유지하는 데 집중한다
- **후반 (13~18홀)**: 체력과 집중력이 떨어지기 쉬운 구간이다. 이럴 때일수록 비거리 욕심은 잠시 내려놓고, 간결한 스윙으로 정확도를 높이는 것이 현명하다.

5. 부상 발생 시 응급조치 및 관리

파크골프는 비교적 안전한 스포츠로 알려져 있지만, 경기 중에는 근육 피로, 관절 염좌, 타박상, 허리와 어깨 손상, 열사병, 곤충 쏘임 등 다양한 손상이 발생할 수 있다. 대부분은 경미하지만, 초기 대응이 늦어지면, 상태가 악화되어 장기적인 손상이나 후유증으로 이어질 수 있다. 응급조치는 단순히 통증을 줄이는 것이 아니라 부상 악화를 막고 회복을 앞당기는 첫 단계다. 따라서 모든 파크골프 참가자는 기본적 응급 대처법을 숙지할 필요가 있다.

1) 근육통 및 근육 경련

파크골프에서 근육통과 근육경련은 주로 장시간의 걷기와 반복되는 스윙 동작에서 비롯된다. 경기 중 허벅지, 종아리, 어깨 등 특정 근육이 긴장하게 되는데, 이때 피로 물질이 쌓이면서 근육의 통증이나 경직이 발생한다. 특히 준비운동이 부족한 상태에서 갑작스럽게 움직이면 미처 풀리지 않은 근육이 경직되면서 통증이 생긴다. 또한 탈수와 전해질 불균형이 생기면 신경과 근육의 자극 전달이 불안정해져 비정상적인 근육 수축이 일어나 근육경련이 일어나기도 한다. 더운 날씨에는 탈수와 피로가 쉽게 쌓이고, 추운 날씨에는 근육이 경직되어 작은 자극에도 경련이 발생할 수 있다.

(1) 현장 응급조치

- **즉각 경기 중단, 안정(Rest)**: 증상이 나타나면 바로 경기를 중단해 더 이상의 근육 손상을 막는다.
- **근육 이완(Muscle relax)**: 경련 부위 근육을 천천히 늘려 스트레칭하고 가볍게 마사지해 혈류를 촉진하고 근육 긴장을 풀어준다.
- **냉요법(Ice compression)**: 급성 통증이나 경련 시 10~15분간 냉찜질로 열감과 신경 흥분을 줄인다.
- **수분·전해질 보충(Hydration & Electrolytes supply)**: 물이나 이온음료를 조금씩 자주 섭취해 탈수와 전해질 불균형을 교정한다.

(2) 사후 관리

- **온찜질**: 경기 후 온찜질로 혈액순환을 개선한다.
- **영양 보충**: 수분과 단백질 보충으로 회복을 촉진한다.
- **휴식**: 다음날까지 통증이 지속되면 무리한 활동은 피한다.

2) 발목 · 손목염좌(삠)

염좌는 관절을 지지하는 인대가 갑작스러운 힘에 의해 늘어나거나 부분적으로 손상되는 상태다.

- **발목 염좌**: 젖은 잔디나 흙길, 경사지, 고르지 않은 지면에서 발이 비틀리거나, 보행 중 돌에 걸리거나 구덩이에 발이 빠졌을 때
- **손목 염좌**: 클럽을 강하게 쥐거나, 스윙 중 충격을 흡수하지 못해 손목이 과도하게 꺾일 때
- **무릎 염좌**: 체중 이동이 불안정하거나 경사면에서 중심을 잃었을 때

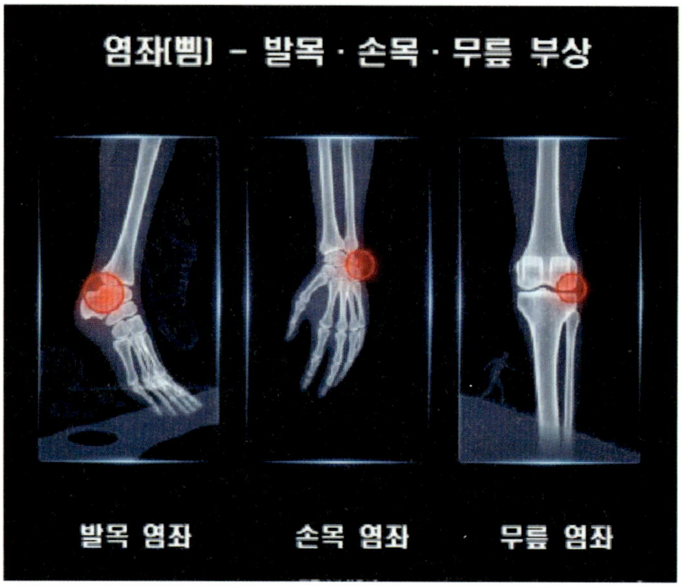

(1) 응급처치 (RICE 요법): 초기 24~48시간 내 시행

- **Rest(안정)**: 즉시 경기를 중단하고, 손상 부위를 움직이지 않도록 한다.
- **Ice(냉찜질)**: 얼음팩이나 차가운 수건을 15~20분씩 하루 3~4회 적용하여, 혈관 수축을 유도해 출혈과 부종을 최소화한다.
- **Compression(압박)**: 탄력 붕대나 보호대로 부위를 감아 붓기를 줄이되, 너무 조이지 않도록 주의한다.
- **Elevation (거상)**: 손상 부위를 심장보다 높게 유지해 혈액과 체액이 고이는 것을 막는다.

(2) 사후 관리

- **48시간 이후**: 냉찜질 대신 온찜질로 전환해 혈액순환을 돕고 회복을 촉진한다.
- **점진적 재활**: 부종이 줄고 통증이 완화되면, 가벼운 스트레칭 → 관절 가동 운동 → 근력 강화 운동 순으로 재활한다.
- **운동 복귀 시기**: 통증이 거의 사라지고 관절 움직임이 정상에 가까워졌을 때 천천히 경기에 복귀한다.
- **주의 사항**: 통증이나 부종이 2~3일 이상 지속되거나 보행이나 손목 사용이 어렵다면 전문 진료가 필요하다.

3) 타박상(멍, 부딪힘)

타박상은 외부 충격으로 피부 아래 혈관이 손상되어 멍과 부종이 생기는 손상이다. 파크골프에서는 다음과 같은 상황에서 자주 발생할 수 있다.

- 클럽이나 공에 직접 맞았을 때
- 라운드 중 넘어져 무릎, 엉덩이, 팔꿈치를 부딪쳤을 때
- 경기장 내 나무, 돌, 장애물에 몸이 부딪쳤을 때
- 다른 사람과 부주의하게 부딪힌 경우

(1) 응급조치

타박상은 출혈과 부종을 최소화하는 초기 처치가 중요하다.

- **즉시 활동 중단**: 충격이 가해진 부위를 더 이상 움직이지 않도록 한다.
- **냉찜질(Ice)**: 얼음팩이나 차가운 수건으로 10~15분, 하루 3~4회 반복하여, 혈관을 수축시켜 출혈과 부종을 줄인다.
- **압박(Compression)**: 필요 시 탄력 붕대로 가볍게 감아 부종을 억제한다. 다만 혈액순환을 방해할 정도로 세게 조이지 않도록 한다.
- **거상(Elevation)**: 부위가 팔, 다리일 경우 심장보다 높게 두어 혈액과 체액이 고이는 것을 방지한다.

(2) 사후 관리

- **48시간 이후**: 초기에는 냉찜질이 효과적이지만, 2~3일이 지나면서 멍이 퍼지면 온찜질로 전환하여 혈액순환을 촉진하고 멍 흡수를 돕는다.
- **관찰**: 멍 부위가 점점 커지거나 극심한 통증, 감각 이상, 관절 움직임 제한이 동반될 경우, 근육이나 뼈 손상 가능성이 있으므로 전문 진료가 필요하다.
- **회복 촉진**: 단백질, 비타민 C, 철분이 풍부한 식품을 섭취하면 손상된 혈관 회복과 혈액 흡수에 도움이 된다.

4) 허리 · 어깨 통증

어깨는 반복된 회전과 과도한 사용, 허리는 잘못된 체중 이동과 코어 근력 부

족에서 주로 발생한다.

- **어깨 통증**: 스윙 시 팔을 과도하게 높이 들거나, 어깨 회전근개(회전 근육)가 반복적으로 긴장될 때 발생하며, 경기 중 무리한 힘 조절, 지나친 반복 스윙, 스트레칭 부족이 주요 원인이 될 수 있다.
- **허리 통증**: 체중 이동이 올바르지 않고 허리에만 힘이 집중될 때, 코어 근력이 부족한 상태에서 허리 회전에 과부하가 걸릴 때, 경사지에서 무리한 스윙, 장시간 보행 후 피로 누적 시 요추 근육이 긴장하여 통증이 발생한다.

(1) 응급조치

어깨 통증 시

- 즉시 경기 중단 → 스윙, 보행 모두 잠시 멈춤
- 냉찜질 15~20분 → 통증 부위(어깨 앞·옆쪽)에 얼음팩 적용
- 움직임 최소화 → 팔을 삼각건이나 수건으로 고정해 불필요한 회전 방지
- 진통소염제 → 복용 가능 약이 있다면 활용 가능

허리 통증 시

- 안정 취하기 → 평평한 곳에 누워 무릎을 세우고 허리를 바닥에 붙여 긴장 완화
- 냉찜질 → 초기 24~48시간은 허리에 얼음팩 1~5분씩 하루 3~4회 적용
- 자세 조정 → 무거운 물건 들지 않고, 허리를 돌리는 동작 피하기

(2) 사후 관리

어깨

- **48시간 이후**: 온찜질로 혈액순환 촉진, 근육 이완
- **재활 운동**: 가벼운 어깨 스트레칭 → 고무밴드로 회전근개 강화 운동
- **주의**: 통증이 1주 이상 지속되거나 팔을 들어올리기 힘든 경우 전문 진료 필요

허리

- **48시간 이후**: 온찜질 전환, 허리 주변 혈류 개선
- **스트레칭**: 무릎 당기기, 고양이-소 자세 등 허리 근육을 부드럽게 늘려줌

- **코어 강화**: 플랭크, 브릿지 운동으로 허리 지지력 강화
- **주의**: 다리로 방사통(저림)이 있거나 통증이 악화되면 반드시 전문진료 필요

5) 벌 · 곤충 쏘임

파크골프 경기장은 숲과 잔디가 어우러진 자연환경에 있어 벌이나 곤충에 쏘일 위험이 있다. 가벼운 통증이나 발적에 그치기도 하지만, 알레르기 체질의 경우 호흡 곤란이나 전신 반응 같은 심각한 상황으로 이어질 수 있다. 따라서 긴팔 복장, 모자, 벌레 기피제 사용으로 사전 예방을 하는 것이 필요하다. 만약 쏘임이 발생하면 즉시 경기를 중단하고 벌의 침을 제거한 뒤 냉찜질을 시행하며, 증상이 심해지는 경우 지체 없이 응급의료의 도움을 받아야 한다. 예방과 신속한 응급처치는 곤충 쏘임으로 인한 사고를 최소화하는 핵심이다.

(1) 응급조치

- **즉시 중단**: 경기를 즉시 중단하고 안전한 장소로 이동
- **침 제거**: 벌침이 피부에 남아 있으면 신용카드나 단단한 물체로 긁어내어 제거(핀셋 사용 시 압박해 독이 더 들어갈 수 있으므로 주의)
- **냉찜질**: 얼음팩이나 차가운 수건으로 10~15분간 냉찜질 → 통증, 부종 완화
- **약물 사용**: 가려움, 발적이 심할 경우 항히스타민제(알레르기약) 복용 가능
- **응급 이송**: 호흡 곤란, 두드러기, 어지럼증, 혈압 저하 등 아나필락시스 증상이 나타나면 즉시 119 신고

(2) 사후 관리

- **경미한 경우**: 24시간 내 부종이 줄어드는지 관찰하며, 소독 후 깨끗하게 관리, 긁지 않도록 주의한다.
- **중등도 이상**: 통증, 부종이 커지거나 2~3일 이상 지속되면 의료기관 진료가 필요. 특히 얼굴, 목, 손가락 등 좁은 부위는 부종이 악화할 수 있어 주의
- **알레르기 병력자**: 외출 시 에피네프린 자동주사기(에피펜) 지참 권장, 재발 방지를 위해 곤충이 많은 계절에는 보호 복장·기피제 필수

6) 자외선 노출로 인한 피부 손상

파크골프는 야외 경기장에서 장시간 진행되므로 강한 햇볕과 자외선에 노출되기 쉽다. 특히 여름철 한낮(오전 10시~오후 3시)은 자외선 강도가 가장 높아, 짧은 시간에도 얼굴, 팔, 목과 같이 노출된 부위에 화상이나 피부 손상이 발생할 수 있다. 특히 피부가 약한 고령자, 아동, 피부색이 밝은 사람은 손상 위험이 더욱 크다. 자외선 노출은 일시적 화상에 그치지 않고, 반복될 경우 피부 노화와 피부암의 위험을 높일 수 있다. 모자와 긴팔 의류 착용, 자외선 차단제 사용, 경기 시간 조절 등 사전 대비는 피부 건강을 지키고 파크골프를 안전하게 즐기기 위한 필수 조건이다.

(1) 응급조치

- **햇볕 차단**: 즉시 그늘이나 실내로 이동한다.
- **냉찜질**: 차가운 물수건이나 얼음팩을 수건이나 천으로 감싸 손상 부위에 10~15분간 적용한다.
- **피부 진정**: 알로에 젤이나 보습 로션 등 피부 진정 효과가 있는 제품을 바른다.
- **수분 보충**: 피부 회복을 돕기 위해 물을 충분히 마신다.
- **금기 사항**: 수포를 터뜨리거나 강하게 문지르지 않는다.

(2) 사후 관리

경미한 화상 (홍반, 따가움)

- 냉찜질과 보습제를 꾸준히 사용해 피부 건조를 막는다
- 며칠 내 호전되면 큰 문제는 없다.

중등도 화상 (수포, 심한 통증)

- 감염 위험이 있으므로 소독·드레싱이 필요하다.
- 항히스타민제나 진통제를 복용할 수 있다.

중증 화상 (광범위 수포, 발열, 오한)

- 즉시 의료기관의 진료가 필요하다.

장기적 관리

- 재노출 방지를 위해 자외선 차단제 사용, 긴팔 의류 착용, 경기 시간 조절
- 피부암, 광노화 예방 차원에서 정기적인 피부 검진도 권장

6. 고온 · 저온 환경 대처 방법

파크골프는 자연 속에서 즐기는 사계절 스포츠지만, 우리 몸은 계절의 변화에 민감하게 반응한다. 특히 신체 조절 능력이 점차 변화하는 중장년층에게 여름의 폭염과 겨울의 혹한은 단순한 더위와 추위를 넘어 건강을 위협하는 심각한 요인이 될 수 있다.

나이가 들면서 우리 몸은 체온 조절 능력(땀 배출, 혈관 수축과 이완)이 저하되고, 갈증을 느끼는 감각 또한 둔감해진다. 여기에 고혈압, 당뇨, 심장질환 등 만성 질환을 앓고 있는 경우가 많아 급격한 기온 변화는 잠재된 건강 문제를 수면 위로 끌어올리는 기폭제가 될 수 있다. 따라서 계절별 환경 특성을 정확히 이해하고, 자신의 몸 상태에 맞춰 라운드를 준비하고 관리하는 지혜가 무엇보다 중요하다.

1) 고온 환경에서의 운동

여름철 파크골프는 강렬한 햇볕, 높은 기온과 습도라는 삼중의 부담 속에서 진행된다. 이는 단순한 불쾌감을 넘어 우리 몸의 항상성을 무너뜨릴 수 있으며, 특히 중장년층에게는 심각한 건강 문제를 유발할 수 있다.

(1) 여름철 중장년층에게 특히 위험한 이유

- **체온 조절 능력 저하**: 젊은 층에 비해 땀 배출을 통한 체온 조절 능력이 떨어져 체내에 열이 쉽게 축적된다.
- **둔감해진 갈증 감각**: 몸에 수분이 부족해도 갈증을 늦게 느껴, 자신도 모르는 사이 탈수 상태에 빠지기 쉽다.
- **만성질환 악화**: 고혈압, 당뇨병, 심장질환 등은 탈수와 고온에 매우 취약하다. 특히 이뇨제나 혈압약 복용은 체내 수분 균형을 더욱 불안정하게 만든다.
- **심혈관계 부담 증가**: 더운 환경에서 체온을 낮추기 위해 피부 혈관이 확장되고 심장은 더 많은 혈액을 순환시키기 위해 과도하게 일하게 된다. 이는 심장에 큰 부담을 주어 협심증, 심근경색의 위험을 높일 수 있다.

(2) 열 관련 손상: 단계별 증상과 대처법

여름철 열 관련 질환은 가벼운 열경련 → 열탈진(일사병) → 열사병으로 단계적으로 악화될 수 있다. 초기 신호를 절대 가볍게 여겨서는 안된다.

1단계: 열경련 (Heat Cramps)

- **증상**: 장시간 땀을 흘린 후 종아리, 허벅지, 어깨 등에서 갑작스러운 근육경련 발생
- **대처**: 즉시 그늘에서 휴식을 취하고, 물보다는 이온음료나 소금물로 땀으로 손실된 전해질을 보충한다. 경련 부위를 가볍게 마사지해 준다.

2단계: 열탈진 / 일사병 (Heat Exhaustion)

- **증상**: 심한 피로감, 어지럼증, 두통, 메스꺼움, 구토, 창백하고 축축한 피부, 과도한 발한, 빠른 맥박. 체온은 정상이거나 약간 상승한다.
- **응급조치**
  ① **즉시 중단 및 이동**: 모든 활동을 멈추고 시원한 그늘이나 냉방이 되는 곳으로 신속히 이동한다.
  ② **체온 낮추기**: 벨트나 꽉 끼는 옷을 풀고, 젖은 수건으로 몸을 닦거나 부채질을 해 체온을 낮춘다.
  ③ **수분 보충**: 의식이 명확하면 시원한 물이나 이온 음료를 조금씩 섭취하게 한다.
  ④ **휴식**: 다리를 심장보다 높게 하고 편안히 눕혀 휴식을 취한다.
  ⑤ **관찰**: 30분 이상 휴식을 취해도 증상이 호전되지 않거나, 의식이 흐려지면 열사병으로 진행될 수 있으므로 즉시 119에 도움을 요청한다.

3단계: 열사병 (Heatstroke)

- **증상**: 땀이 나지 않고, 피부가 뜨겁고 건조하며 붉게 변한다.(가장 중요한 차이점), 40℃ 이상의 고열, 극심한 두통, 빠르고 강한 맥박, 비틀거림, 방향감각 상실, 횡설수설 등 의식 변화, 발작 또는 실신.
- **응급조치: 1분이 생사를 가른다.**
  ① **즉시 119 신고**: 열사병은 병원 치료가 시급한 뇌 손상 유발 질환이다. 지체 없이 119에 신고하는 것이 최우선이다.

② **신속한 체온 강하**: 구급차가 오기 전까지 환자를 그늘로 옮겨 옷을 벗기고, 모든 방법을 동원해 체온을 낮춘다. 몸에 시원한 물을 계속 뿌리면서 부채질하거나, 얼음주머니를 목, 겨드랑이, 사타구니에 대주어 혈액을 직접 식힌다.

③ **절대 금물**: 의식이 없는 환자에게 억지로 물을 마시게 하거나 해열제(아스피린, 타이레놀 등)를 사용하지 않는다.

[심화] 여름철 파크골프 건강 관리 전략

라운드 전

- **시간 계획**: 기온이 가장 높은 오전 11시~오후 4시는 피하고, 비교적 선선한 이른 아침이나 늦은 오후에 라운드를 계획한다.
- **컨디션 확인**: 전날 과음했거나 수면 부족이면 무리하지 않고 휴식을 선택한다.
- **사전 수분 섭취**: 라운드 전에 충분한 물을 섭취한다.

라운드 중

- **복장**: 자외선 차단 기능이 있는 밝은 색상의 기능성 의류, 통풍이 잘되는 모자, 선글라스를 착용한다.
- **수분 섭취**: 목마르다는 느낌이 들기 전에, 15~20분마다 규칙적으로 물이나 이온음료를 섭취한다.
- **동반자 건강 살피기**: 동반자의 얼굴색이 창백하거나 붉어지지 않았는지, 말이 어눌해지지는 않았는지, 걸음 상태 등을 자주 점검한다.

2) 저온 환경에서의 운동

겨울철 라운드는 상쾌함이라는 매력이 있지만, 차가운 공기는 혈관과 근육을 수축시켜 예기치 못한 건강 문제를 일으킬 수 있다. 특히 심혈관 질환의 위험이 높은 중장년층에게 각별한 주의가 필요하다.

(1) 겨울철 중장년층에게 특히 위험한 이유

- **심혈관계 부담 급증**: 차가운 공기에 노출되면 열 손실을 막기 위해 말초 혈

관을 급격히 수축시킨다. 이 때문에 좁아진 혈관으로 혈액을 보내기 위해 혈압이 상승한다. 심근경색, 뇌졸중(중풍) 등 치명적 심뇌혈관 질환의 원인이 될 수 있다.

- **근골격계 부상 위험 증가**: 기온이 낮으면 근육, 인대, 관절이 경직되어 유연성이 크게 떨어진다. 충분한 준비운동 없이 스윙할 경우 허리, 어깨, 무릎 등에 염좌나 근육 파열과 같은 부상을 입기 쉽다.
- **면역력 저하**: 추위에 장시간 노출되면 체온 유지를 위해 많은 에너지를 소모하여 면역력이 떨어지고, 감기나 호흡기 질환에 걸릴 위험이 커진다.

(2) 한랭 손상의 예방 및 관리

저체온증 (Hypothermia)

- **정의**: 중심 체온이 35℃ 이하로 떨어지는 상태로, 극심한 추위가 아니더라도 젖은 옷을 입고 바람을 맞을 때 쉽게 발생할 수 있다.
- **증상**
  ① **초기**: 주체할 수 없는 심한 오한, 창백하고 차가운 피부, 서투른 손놀림.
  ② **악화 시**: 오한이 오히려 멈추고, 발음이 어눌해지며, 졸음, 혼란, 방향감각 상실 등 의식 변화가 나타나며, 이 단계는 매우 위험하다.
- **응급조치**
  ① **신속한 이동 및 보온**: 즉시 바람을 피할 수 있는 따뜻한 실내로 옮긴다. 젖은 옷은 체온을 급격히 빼앗으므로 최대한 빨리 벗기고 마른 담요나 여러 겹의 옷으로 몸 전체, 특히 머리와 목을 감싸준다.
  ② **따뜻한 음료 제공**: 의식이 있다면 따뜻하고 단 음료를 주어 몸 내부에서 열을 생성하도록 돕는다.
  ③ **절대 금물**: 팔다리를 주무르거나 갑자기 뜨거운 물에 담그는 행위, 술을 주는 행위는 차가운 혈액을 심장으로 급격히 보내 쇼크를 유발할 수 있으므로 절대 해서는 안 된다. 의식이 저하되면 즉시 119에 연락해야 한다.

(3) 동상 (Frostbite)

- **정의**: 피부 조직이 얼어 혈액 공급이 중단되는 상태로, 주로 손가락, 발가락, 귓불, 코끝 등 신체 말단 부위에 발생한다.

- **증상**: 찌르는 듯한 통증이 느껴지다가 점차 감각이 둔해진다. 이후 피부가 창백하거나 누런 회색빛을 띠고, 만졌을 때 단단하게 느껴진다.
- **응급조치**
  ① **점진적 재가온**: 따뜻한 실내로 이동한 뒤, 동상 부위를 38~42℃의 따뜻한 물에 20~30분간 담근다. 물이 식으면 따뜻한 물을 보충해 일정한 온도를 유지한다.
  ② **보호**: 피부가 녹은 후에는 깨끗한 마른 거즈로 감싸고, 발가락이나 손가락이 서로 닿지 않도록 보호한 후 의료기관으로 이송한다.
  ③ **절대 금물**: 동상 부위를 문지르거나 눈에 비비지 않는다. 얼음 결정이 세포를 손상시켜 상태를 악화시킬 수 있다. 난로나 불에 직접 대는 것도 화상 위험이 있어 매우 위험하다.

[심화] 겨울철 파크골프 건강 관리 전략

라운드 전

- **시간 선택**: 기온이 가장 낮은 새벽이나 이른 아침은 피하고, 햇볕이 좋은 낮 시간대를 선택한다.
- **실내 준비운동**: 바깥에 나가기 전, 실내에서 15분 이상 충분히 스트레칭하여 근육과 관절을 예열한다.
- **기상 확인**: 온도뿐만 아니라 '바람'도 반드시 확인한다. 바람이 강하면 체감 온도는 급격히 떨어진다.

라운드 중

- **전략적으로 겹쳐 입기**: 땀 흡수가 잘되는 기능성 내의(1단계), 보온을 위한 플리스나 스웨터(2단계), 바람을 막아주는 방풍/방수 자켓(3단계)으로 겹쳐 입어 체온을 조절한다.
- **말단 부위 사수**: 방한 장갑, 두꺼운 양말, 귀마개, 넥워머는 선택이 아닌 필수다. 핫팩을 준비하는 것도 좋은 방법이다.
- **따뜻한 음료**: 보온병에 따뜻한 물이나 차를 담아 라운드 중 수시로 마셔 몸을 덥히고 수분을 보충한다.

7. 파크골프를 위한 신체 단련

파크골프는 얼핏 보기에는 가벼운 산책처럼 보일 수 있지만, 그 안에는 정교한 신체 역학이 숨어있다. 안정적 스윙은 발바닥에서 시작해 하체와 코어를 거쳐 상체와 팔, 그리고 클럽으로 이어지는 '운동 사슬(Kinetic Chain)'이 물 흐르듯 연결되어야 완성된다. 이는 파크골프가 단순한 팔 운동이 아닌, 전신이 유기적으로 협력하는 고도의 운동임을 보여준다.

따라서 경기력 향상과 부상 예방이라는 두 가지 목표를 동시에 이루기 위해서는, 공을 치는 연습만큼이나 자신의 몸을 단련하는 과정이 필요하다. 이 장에서는 파크골프를 평생의 동반자로 즐기기 위한 신체 단련의 기본 설계도를 제시한다. 근력과 유연성, 균형 감각, 그리고 이를 뒷받침하는 건강한 생활 습관을 통해 우리는 더 멀리, 더 정확하게, 그리고 무엇보다 더 오랫동안 파크골프를 즐길 수 있을 것이다.

1) 근력 강화 훈련

근력은 파크골프 스윙의 힘과 안정성을 결정하는 가장 근본적인 요소다. 중요한 것은 단순한 팔 힘이 아니라, 지면을 단단히 딛고 몸의 회전력을 효과적으로 만들어내는 하체와 코어의 힘이다. 이것이 탄탄할수록 스윙은 흔들림없이 안정되고 타구의 일관성도 높아진다.

(1) 코어 근육 강화 - 흔들림 없는 스윙의 축

코어(Core)는 단순히 복근이나 허리 근육을 넘어, 몸의 중심에서 척추를 안정시키고 상체와 하체를 연결하는, 말 그대로 스윙의 발전소 역할을 한다. 코어가 약하면 스윙 시 몸의 축이 쉽게 무너져 힘의 전달이 비효율적으로 이루어지고, 그 부담은 고스란히 허리와 어깨로 전달되어 만성 통증으로 이어지기 쉽다.
반대로 코어가 충분히 강화되면 안정적인 회전이 가능해지고, 불필요한 힘을 쓰지 않아도 효율적인 스윙을 만들 수 있다. 이는 부상 예방은 물론, 일관된 스윙과 안정적인 경기력을 유지하는 데 핵심적인 역할을 한다.

플랭크 (Plank)

- **자세**: 팔꿈치를 어깨 바로 아래에 두고, 발끝으로 몸을 지탱한다. 머리부터 발목까지 일직선이 되도록 복부와 엉덩이에 힘을 준다. 허리가 아래로 처지거나 엉덩이가 위로 올라가지 않도록 주의한다.
- **호흡**: 동작을 유지하는 동안 자연스럽게 호흡한다.
- **초보자를 위한 팁**: 처음에는 무릎을 바닥에 대고 시작하거나, 벽에 비스듬히 기대어 연습하면 부담을 줄일 수 있다.
- **훈련 계획**: 주 3~4회, 20~30초 유지 × 3세트. 익숙해지면 점차 시간을 늘려 1분 유지하기를 목표로 한다.

브릿지 (Bridge)

- **자세**: 등을 대고 누워 무릎을 세우고, 발은 골반 너비로 벌린다. 천천히 엉덩이를 들어 올려 어깨부터 무릎까지 일직선을 만든다. 정점에서 2~3초간 엉덩이 근육을 수축한 뒤 천천히 내려온다.
- **호흡**: 엉덩이를 들어 올릴 때 숨을 내쉬고, 내릴 때 들이마신다.
- **주의**: 허리가 과도하게 꺾이지 않도록 복부에 힘을 주고, 목과 어깨의 긴장을 푼다.
- **훈련 계획**: 주 3회, 12~15회 × 3세트. 세트 사이 1분 휴식.

플랭크 (Plank)

브릿지 (Bridge)

(2) 하체 근력 강화 – 힘의 원천, 지면 반력 활용하기

파크골프 스윙의 진짜 힘은 팔이 아닌 땅에서부터 나온다. 스윙 과정에서 발바닥으로 지면을 힘껏 밀어내는 힘, 즉 '지면 반력'을 얼마나 잘 활용하느냐에 따라 비거리가 결정된다. 튼튼한 하체는 이 힘을 만들어내는 기반이며, 18홀 내내 흔들림 없는 스탠스와 안정적인 체중 이동을 가능하게 한다. 또한, 한 라운드에 2km 이상 걷는 파크골프의 특성상, 하체 근력은 경기 후반부의 집중력 저하를 막는 핵심 요소다.

스쿼트 (Squat)

- **자세**: 발을 어깨너비로 벌리고 서서, 마치 투명 의자에 앉는 것처럼 엉덩이를 뒤로 빼며 천천히 내려간다. 허벅지가 지면과 평행이 될 때까지 앉았다가, 발바닥 전체로 바닥을 밀어내며 일어선다.
- **주의**: 무릎이 발끝보다 앞으로 나가지 않도록 하고, 허리는 곧게 편다.
- **초보자를 위한 팁**: 뒤에 실제 의자를 두고 앉았다 일어나는 동작을 반복하면 안전하고 정확한 자세를 익히기 쉽다.
- **훈련 계획**: 주 2~3회, 12~15회 × 3세트.

스쿼트 (Squat)

밴드 스쿼트 (Band Squat)

밴드 스쿼트 (Band Squat)

- **자세**: 탄력 밴드를 양쪽 허벅지 중간에 끼우고 스쿼트를 실시한다. 밴드의 저항력 때문에 무릎이 안으로 모이는 것을 막기 위해 엉덩이 바깥쪽 근육(중둔근)을 더 많이 사용하게 된다. 이는 스윙 시 하체의 좌우 흔들림을 잡아주는 데 도움이 된다.
- **훈련 계획**: 스쿼트 훈련 계획에 맞춰 병행한다.

2) 유연성 및 가동성 훈련

유연성은 단순히 근육을 늘리는 것을 넘어, 관절이 움직일 수 있는 범위인 '가동성'을 확보하는 것이다. 파크골프 스윙은 어깨, 척추, 고관절의 큰 회전이 요구되는 동작으로, 관절 가동 범위가 넓을수록 더 크고 부드러운 스윙 아크를 만들 수 있다. 이는 적은 힘으로도 비거리를 확보하게 하고, 불필요한 보상 동작을 줄여 부상 위험을 낮춘다. 꾸준한 스트레칭은 뻣뻣한 관절을 풀어 부상을 예방하고, 스윙의 효율성을 극대화하는 기본 전략이다.

(1) 어깨와 상체 - 더 큰 스윙 아크와 파워 생성

어깨와 등 상부의 유연성은 백스윙의 크기와 회전력을 결정한다. 유연성이 확보되면 상체를 더 많이 꼬았다가 풀어내는 힘, 즉 'X-팩터'를 효과적으로 활용해 비거리를 늘릴 수 있다.

- **어깨 가슴 앞으로 당기기**: 한 팔을 가슴 앞으로 뻗어 반대쪽 팔로 지그시 당겨준다. (매일, 각 15~20초 유지 × 3회)
- **삼두근 스트레칭 (수건 활용)**: 수건 또는 파크골프채를 등 뒤로 잡고, 위쪽 손으로 수건을 당겨 아래쪽 팔의 어깨와 삼두근을 스트레칭한다. (매일, 15~20초 유지 × 3회)

어깨와 상체 스트레칭

(2) 허리와 척추 - 부드러운 회전의 중심

척추의 부드러운 회전 능력은 스윙의 핵심이다. 허리가 뻣뻣하면 회전 시 척추에 과도한 스트레스가 가해져 통증과 부상으로 이어지기 쉽다.

- **앉아서 몸통 비틀기** (Seated Twist): 바닥에 앉아 한쪽 다리를 반대쪽 무릎 바깥에 세우고, 상체를 세운 다리 방향으로 천천히 비틀어 준다.
- **고양이-소 자세** (Cat-Cow Pose): 네발 기기 자세에서 숨을 내쉬며 등을 고양이처럼 둥글게 말고, 숨을 들이마시며 허리를 소처럼 오목하게 만든다. 척추 마디마디를 부드럽게 움직인다.
- **스트레칭 안전 수칙**
  ① **통증 없는 범위**: '시원하다'는 느낌은 좋지만, '찌릿하다'는 통증이 느껴지면 즉시 중단한다.

② **반동 금지**: 반동을 주지 말고 지그시 15초 이상 유지한다.

③ **호흡 유지**: 숨을 참으면 근육이 긴장하므로 길고 편안하게 호흡한다.

앉아서 몸통 비틀기

고양이-소 자세

(3) 고관절과 하체 - 원활한 체중 이동의 시작점

고관절의 유연성은 백스윙과 팔로우스루에서 골반의 회전을 원활하게 만든다. 고관절이 뻣뻣하면 골반 회전이 제한되고, 이를 보상하기 위해 허리가 과도하게 움직여 요통의 원인이 된다.

나비 자세

런지 스트레칭

- **나비 자세 (Butterfly Stretch)**: 앉아서 양 발바닥을 마주 붙이고, 무릎을 바닥 쪽으로 지그시 눌러준다. 허리는 곧게 편다.
- **런지 스트레칭 (Lunge Stretch)**: 한 발을 크게 앞으로 내딛고 무릎을 굽혀 뒤쪽 다리의 고관절 앞부분(장요근)이 늘어나는 것을 느낀다.

3) 균형과 지구력 훈련

(1) 균형 훈련 - 흔들림 없는 동적 안정성

파크골프 스윙은 한쪽 발에서 다른 쪽 발로 체중을 옮기는 '동적인' 움직임이다. 이 과정에서 균형을 유지하는 능력이 샷의 정확성을 좌우한다.

- **한 발 서기**: 벽이나 의자를 잡고 한 발로 서서 30초간 버틴다. 익숙해지면 잡지 않고 시도하거나, 눈을 감아 난이도를 높인다. 발목과 코어의 안정성을 동시에 기를 수 있다. (매일, 좌우 각 30초 × 3세트)
- **발끝-뒤꿈치 걷기**: 일직선을 따라 한 발의 뒤꿈치를 다른 발의 발끝에 붙이며 걷는다. 협응력과 집중력을 향상시킨다. (매일, 10m × 3회)

한 발 서기

발끝-뒤꿈치 걷기

(2) 지구력 훈련 – 후반 9홀을 지배하는 힘

지구력은 단순히 오래 걷는 체력뿐 아니라, 경기 후반에도 스윙의 질을 유지하는 '근지구력'과 뇌에 산소를 공급해 집중력을 유지하는 '심폐지구력'을 모두 포함한다.

- **걷기**: 숨이 약간 찰 정도의 속도로 주 3회, 30분 이상 빠르게 걷기를 습관화한다.
- **인터벌 훈련**: 3분 빠르게 걷고 1분 천천히 걷는 것을 반복한다. 심폐 기능을 단기간에 효과적으로 향상시킬 수 있다.
- **파크골프 순환 운동**: (스쿼트 12회 → 플랭크 30초 → 제자리 뛰기 1분 → 브릿지 12회)를 쉬지 않고 1세트로 묶어 총 3세트 반복한다. 근지구력과 심폐지구력을 동시에 단련하는 최고의 맞춤 훈련이다.

제4장
파크골프, 활력있게 즐기기
영양관리

파크골프는 18홀, 때로는 그 이상의 라운드를 소화해야 하는 종목으로, 꾸준한 체력과 높은 집중력이 요구된다. 아무리 뛰어난 기술을 갖추고 있더라도, 몸을 움직이는 '연료'가 부족하면 라운드가 진행될수록 쉽게 지치고, 경기력과 집중력도 떨어지게 된다. 이 장에서는 파크골프의 활력을 책임지는 핵심 요소인 영양 관리를 다룬다. 경기 전, 중, 후에 무엇을, 언제, 어떻게 섭취해야 하는지와 함께, 종종 간과하기 쉬운 수분 보충의 중요성을 과학적 근거를 바탕으로 살펴본다. 올바른 영양 전략을 통해 라운드 초반부터 마지막 홀까지 에너지를 안정적으로 유지하며, 파크골프를 보다 건강하고 즐겁게 즐길 수 있는 기반을 마련하고자 한다.

1. 파크골퍼를 위한 영양 상식

파크골프를 즐기는 데 필요한 것은 스윙 기술이나 경기 규칙만이 아니다. 경기 중 체력을 지탱하고 회복을 돕는 힘은 결국 일상에서의 영양 습관에서 비롯된다. 무엇을 먹고 마시는가에 따라 경기 후 피로의 정도는 물론, 근육과 관절의 건강, 나아가 오랫동안 즐길 수 있는 체력이 달라진다. 따라서 파크골퍼는 단순한 식습관 차원을 넘어, 영양소의 기능과 역할을 이해할 필요가 있다. 작은 영양 상식이 몸의 균형을 지켜주고, 파크골프를 더 오래 활력 있게 즐길 수 있는 토대가 되기 때문이다.

1) 필수 영양소의 이해

(1) 주요 에너지원, 다량영양소

다량영양소란 우리 몸이 생명 유지와 활동을 위해 대량으로 섭취해야 하는 영양소를 말한다. 탄수화물, 단백질, 지방이 이에 해당하며, 에너지를 제공하거나 신체 조직을 구성하고 기능을 유지하는 데 핵심적인 역할을 한다. 이들은 하루 섭취 열량의 대부분을 차지하며, 비타민이나 무기질처럼 소량만 필요한 미량영양소와 구분된다.

- **탄수화물**: 우리 몸의 주된 에너지원으로 혈당을 안정적으로 유지하는 데 중요하다. 흰쌀밥, 설탕보다는 현미, 잡곡, 고구마, 과일과 같은 복합 탄수화물을 선택하는 것이 바람직하다.
- **지방**: 무조건 제한하지 말고, '양질의 지방'을 선택하는 것이 중요하다. 등푸른 생선, 올리브유, 견과류에 포함된 불포화 지방산은 관절 염증을 줄이고 심혈관 건강에 도움을 준다.
- **단백질**: 근육 생성과 회복에 필수적인 영양소다. 파크골퍼는 하체와 어깨 근육을 반복적으로 사용하므로, 매 끼니에 달걀, 두부, 생선, 살코기 등 양질의 단백질을 포함하는 것이 좋다.

(2) 뼈와 관절을 위한 영양소

- **칼슘**: 뼈를 튼튼하게 하고 골절을 예방한다. 우유, 멸치, 두부, 브로콜리 등에 풍부하다.
- **비타민** D: 칼슘 흡수를 돕고 뼈 건강을 유지한다. 햇볕 노출이 중요하며, 연어와 버섯 등 식품에서도 일부 섭취할 수 있다.
- **콜라겐·비타민** C: 관절과 인대 건강에 도움이 되며, 귤, 파프리카, 딸기 등 비타민 C가 풍부한 식품 섭취를 권장한다.

(3) 근육과 피로 회복을 돕는 영양소

- **마그네슘**: 근육 수축과 이완을 조절하고, 경련을 예방한다. 시금치, 아몬드, 해조류에 풍부하다.
- **칼륨**: 땀으로 손실되는 전해질을 보충해 피로와 경련을 줄인다. 바나나, 감자, 토마토가 좋은 공급원이다.
- **철분**: 혈액 내 산소 운반에 필수적인 영양소로, 부족하면 쉽게 피로해진다. 붉은 살코기, 간, 시금치에서 섭취할 수 있다.

(4) 면역력과 회복을 위한 영양소

- **비타민 A·E**: 세포를 보호하고 면역 기능을 강화한다. 당근, 시금치, 견과류, 아보카도에 풍부하다.
- **항산화 물질**: 활성산소를 줄여 노화를 늦추고 회복을 촉진한다. 베리류, 녹차, 컬러 푸드(빨강, 주황, 초록 채소)에 많다.

파크골퍼를 위한 영양소

영양소	주요 기능	풍부한 식품 (예시)	파크골프 관련 효과
탄수화물	주 에너지원, 혈당 안정	현미, 잡곡, 고구마, 과일	경기 중 지속적인 에너지 공급, 집중력 유지
단백질	근육 생성·회복, 면역 기능	달걀, 두부, 생선, 살코기	스윙과 걷기로 손상된 근육 회복, 근 감소 예방
지방 (불포화)	장기적 에너지, 항염 작용	견과류, 올리브유, 등푸른 생선	관절 염증 완화, 심혈관 건강 유지
칼슘	뼈·치아 강화, 근육 수축 조절	우유, 멸치, 두부, 브로콜리	골절 예방, 안정된 스윙 자세 유지
비타민 D	칼슘 흡수 촉진, 뼈 건강	연어, 버섯, 햇볕	골다공증 예방, 뼈 강도 강화
마그네슘	근육 이완, 신경 전달 조절	시금치, 아몬드, 해조류	근육경련 예방, 피로 감소
칼륨	체액 균형, 혈압 조절	바나나, 감자, 토마토	땀 손실 보충, 경기 중 탈수·경련 예방
철분	산소 운반, 피로 예방	붉은 살코기, 간, 시금치	체력 유지, 집중력 저하 방지
비타민 C	콜라겐 합성, 항산화	귤, 파프리카, 딸기	관절·인대 보호, 자외선 노출 회복
비타민 E	세포 보호, 항산화	견과류, 아보카도, 식물성 기름	피로 회복, 노화 억제
수분	체온 조절, 영양소 운반	물, 이온 음료, 과일	탈수 예방, 경기력 유지, 열 손상 방지

- **수분**: 별도의 운동 전후 섭취를 제외하더라도, 평상시 하루 1.5~2L 수분 섭취는 필수다. 가능한 커피나 음료가 아닌 '맹물'을 마시는 것이 가장 좋다. 파크골프를 할 때는 30분마다 물을 마시는 습관을 만들고, 더운 날에는 미지근한 물이나 전해질 음료를 활용하면 도움이 된다. 충분한 수분 공급은 운동 중 탈수를 막고, 체온을 안정적으로 유지하며, 관절의 움직임도 한층 부드럽게 해준다.

2) 생활 속 영양 관리 5가지 핵심 팁

'잘 먹는 것'이란 많이 먹거나 비싼 음식을 먹는 것이 아니다. 우리 몸에 필요한 영양소를 **규칙적으로, 골고루, 적당량 섭취**하는 것이 핵심이다. 다음 다섯 가지 원칙만 지켜도 파크골프를 즐기기 위한 최상의 컨디션을 유지할 수 있다.

(1) 하루 세 끼, 규칙적인 식사 습관

아침 식사를 거르지 않고 정해진 시간에 식사하는 것이 중요하다. 이는 혈당과 체력을 안정적으로 유지하고, 경기 후반 집중력 저하를 막는 가장 기본적인 생활 습관이다.

(2) 균형 잡힌 자연식 위주 식단

매 끼니 잡곡밥과 같은 복합 탄수화물, 생선, 두부 등 단백질, 신선한 채소를 골고루 섭취하는 것이 좋다. 짜고 기름진 가공식품과 단 음료는 줄이고, 자연 그대로의 식품을 선택하는 것이 혈관 건강과 염증 관리에 도움이 된다.

(3) 근육 유지를 위한 충분한 단백질 섭취

특히 중·장년층은 근력 유지가 중요하므로, 매 끼니 손바닥 크기 정도의 살코기, 생선, 달걀, 콩류 등 양질의 단백질을 꼭 챙기는 것이 좋다. 이는 스윙 파워와 지구력을 유지하는 데 핵심적인 역할을 한다.

(4) 간식은 건강하게

출출할 때는 과자나 빵 대신 견과류 한 줌, 제철 과일, 고구마 등으로 영양을 보충하도록 한다. 건강한 간식은 불필요한 체지방 증가를 막고, 에너지를 효과적으로 공급해 준다.

(5) 음주와 카페인은 현명하게

과도한 음주와 카페인 섭취는 탈수를 유발하고 근육 회복을 더디게 한다. 즐기되 적당히 조절하고, 마신 후에는 충분한 물을 보충하는 습관이 필요하다.

파크골퍼를 위한 건강 식사 루틴 예시

구분	식단 예시	주요 영양 효과
아침	현미밥, 달걀, 나물, 바나나, 물 한 컵	복합 탄수화물과 단백질로 오전 라운드를 위한 지속적인 에너지 충전 및 근육 보호
점심	생선구이, 두부조림, 쌈 채소, 미역국	오메가 3와 양질의 단백질로 관절 염증 완화 및 오후 활동을 위한 활력 증진
저녁	닭가슴살 샐러드, 고구마, 플레인 요거트	가벼운 단백질과 탄수화물 섭취로 지친 근육의 회복을 돕고 숙면 유도
간식	한 줌의 견과류, 제철 과일, 방울토마토	부족하기 쉬운 비타민, 미네랄 및 건강한 지방을 보충하여 신체 밸런스 유지

무지개처럼 화려한 색의 식사는 어떨까?

우리는 흔히 '하얀 쌀밥에 김치 하나면 됐지.'라고 생각하곤 한다. 그러나 건강을 위해선 한 가지 색이 아니라 무지개처럼 다양한 색을 담은 식탁이 필요하다. 특히 채소와 과일은 종류에 따라 색과 맛이 다를 뿐 아니라, 색깔마다 함유된 영양 성분과 그 기능도 서로 다르다.

- **빨간색 식품**(토마토, 딸기 등)은 피부와 눈을 지켜주는 라이코펜이 풍부하다.
- **주황색 식품**(당근, 단호박 등)은 눈 건강을 돕는 베타카로틴이 많이 함유되어 있다.
- **초록색 식품**(브로콜리, 시금치 등)은 면역력을 높여주는 비타민C, 엽산이 풍부하다.

- **보라색 식품**(포도, 가지 등)은 혈관을 튼튼하게 해주는 안토시아닌이 들어있다.
- **노란색 식품**(바나나, 파프리카 등)은 피로를 풀고 신경 안정에 도움이 되는 비타민 B군이 많다.

이처럼 매일 다양한 색의 채소와 과일을 섭취하는 것은, 우리 몸에 서로 다른 기능을 하는 '건강 비타민'을 매일 골고루 보내는 일과 같다. 식단을 고를 때는 오늘 식탁에 몇 가지 색이 올라와 있을지, 한 번쯤 살펴보는 습관을 들여보자. 마치 그림을 그리듯 식탁의 색깔이 화려해질수록, 자연스럽게 건강한 식사도 완성된다.

2. 파크골프 경기 전 영양 준비

1) 경기 전 영양 준비 왜 중요한가?

대한스포츠영양학회에서는 운동 전에 적절한 에너지 공급을 위한 식사를 권고하고 있다. 파크골프 역시 경기 전 영양 관리를 어떻게 하느냐에 따라 경기력과 컨디션에 뚜렷한 차이가 나타난다.

영양 관리가 잘 이루어지면 경기 전 복합 탄수화물 섭취로 혈당이 안정되고, 단백질이 근육을 지탱해 주어 스윙과 걷기에서 지구력이 유지된다. 여기에 사전 수분 보충으로 경기 내내 탈수나 피로감이 줄어들고, 집중력도 오래 지속된다.

반대로 영양 관리가 소홀하면 상황이 달라진다. 기름진 음식이나 단순당 위주의 식사는 소화 불량이나 혈당의 급격한 상승과 하강으로 쉽게 피로해지고 집중력이 흐트러진다. 수분 섭취가 부족할 경우 갈증뿐 아니라 근육경련이나 열 손상 위험까지 커질 수 있다. 결국 경기 전 영양 관리는 단순한 식사가 아니라, 경기력, 안전, 회복을 결정짓는 필수 전략이라 할 수 있다.

2) 경기 전 영양 준비의 기본 원칙

경기 전 영양의 목적은 혈당의 안정적 유지, 위장 편안함, 수분과 전해질 균형, 근육 보호에 있다. 이를 위해 다음의 원칙을 따르는 것이 바람직하다.

(1) 식품 구성 원칙

탄수화물은 복합형(잡곡, 고구마, 과일), 단백질은 저지방(생선, 닭가슴살, 두부), 지방은 소량의 불포화지방(견과, 올리브유, 아보카도)으로 구성한다. 목표는 '가볍게 소화되며 오래 가는 연료'다.

- **소화 잘 되는 음식**: 위장 부담을 줄이기 위해 기름지고 자극적인 음식 제한
- **에너지 공급 안정화**: 혈당 변동을 줄이기 위해 복합 탄수화물 위주로 섭취
- **근육 보호와 회복 준비**: 적절한 단백질 섭취로 근육 손상 예방 및 회복력 증진
- **수분 준비**: 경기 시작 전부터 충분한 수분 보충으로 탈수 예방

'내 몸'에 맞춘 영양 계획 세우기

체질과 건강 상태가 사람마다 다른 만큼, 파크골프를 위한 최고의 식단 역시 모든 사람에게 동일할 수는 없다. '남들이 좋다는 음식'이 아닌, '내 몸에 잘 맞는 음식'을 찾는 것이 중요하다. 특히 다음과 같은 경우에는 특히 개인 맞춤 영양 원칙이 필요하다.

당뇨가 있으신 분 (혈당 관리가 중요)

경기 전 에너지 보충을 위해 탄수화물 섭취는 필요하지만, 흰쌀밥, 빵, 단 음료처럼 혈당을 급격히 올리는 음식보다는 고구마, 현미밥, 통밀빵처럼 혈당을 천천히 올리는 '복합 탄수화물'을 선택해야 한다. 또한, 한 번에 많은 양을 먹기보다는 정해진 양을 규칙적으로 섭취하는 것이 안정적인 컨디션 유지에 도움이 된다.

소화 능력이 약한 경우 (위장이 편안하게)

위식도역류나 과민성 장 증상이 있다면, 경기 중 속이 불편하지 않도록 음식 선택에 더욱 신경 써야 한다. 맵고 짠 음식, 튀김류, 지나치게 섬유질이 많은 음식은 피하고, 삶은 계란, 찐 고구마, 흰 살 생선처럼 소화가 잘되고 위에 부담이 적은 음식을 선택한다.

고혈압이나 신장 질환이 있으신 분 (염분 조절은 기본)

평소 나트륨 섭취를 줄이기 위해 국이나 찌개의 국물까지 모두 마시는 습관은 피하는 것이 좋다. 다만 여름철 땀을 많이 흘리는 날에는 수분과 함께 전해질이 손실되므로, 무조건 염분을 피하면 오히려 탈진이나 근육경련이 발생할 수 있다. 이런 경우에는 반드시 의료진 또는 전문가와 상담 후 안전한 범위 내에서 이온음료 등을 활용하는 것이 현명하다.

체중 감량 중인 경우 (경기 당일은 '다이어트 휴일')

체중 감량을 위해 평소 식사량을 조절하고 있더라도, 경기 당일에는 칼로리의 지나친 제한을 피해야 한다. 18홀을 완주하려면 충분한 에너지가 필요하다. 굶거나 지나치게 적게 먹고 경기에 임하면, 경기력 저하와 집중력 감소로 부상 위험이 높아진다. 경기 당일에는 필요한 에너지를 충분히 공급하고, 체중 조절은 다음 날부터 다시 시작해도 늦지 않다.

리허설 원칙 (최고의 경기력을 위한 사전 점검)

중요한 경기나 대회를 앞두고 실전과 동일한 식사와 수분 섭취 계획을 연습 라운드에서 미리 시험해 보는 것을 의미한다. 이것은 단순히 음식이 잘 맞는지 확인하는 것을 넘어, 최상의 컨디션을 끌어내기 위한 '나만의 루틴'을 만드는 과정이며, 예기치 못한 변수를 줄이는 가장 확실한 경기력 관리 전략이다.

3) 경기 전 영양 섭취 시기별 가이드

(1) 경기 2~3시간 전: 본 식사 단계

경기 전 2~3시간 전에 섭취한 음식은 소화와 흡수 과정을 거쳐 혈당을 안정적으로 유지하고, 근육에 충분한 글리코겐을 저장한다. 이는 경기 중 에너지 고갈을 늦추고, 위장 부담도 최소화한다.

- **권장 식품**: 복합 탄수화물(잡곡밥, 고구마, 통밀빵), 저지방 단백질(생선, 닭가슴살, 두부), 소량의 건강한 지방(견과류, 올리브유), 채소 반찬 (예: 고구마/달걀 샌드위치+우유)
- **주의**: 기름진 음식, 튀김, 섬유질이 과다한 음식은 경기 중 복부 불편감과 소화 지연을 일으킬 수 있으므로 피한다.

(2) 경기 1시간 전: 간단한 보충 단계

경기 1시간 전의 탄수화물 섭취는 혈당을 안정적으로 유지해 뇌와 근육에 사용할 수 있는 에너지를 공급한다. 다만 과다 섭취 시 혈당이 급상승 후 급격히 감소하여 오히려 피로를 유발할 수 있으므로, 적정량 섭취가 중요하다.

- **권장 식품**: 바나나, 소량의 견과류, 크래커, 에너지바 등 소화가 쉬운 간식
- **주의**: 유제품, 지나치게 단 음식, 카페인은 위장 장애나 혈당 변동을 유발할 수 있어 권장되지 않는다.

(3) 경기 15~30분 전: 최종 준비 단계

경기 직전의 수분 보충은 체내 수분 균형을 유지하고, 체온 조절과 혈액순환을

원활하게 한다. 파크골프는 햇볕 아래 장시간 진행되므로 이 단계의 관리가 특히 중요하다.

- **권장 섭취**: 물 150~200ml 정도, 필요 시 소량의 이온음료
- **주의**: 이 시점에는 고형식 섭취를 피하고, 새로운 음료나 보충제를 시도하지 않는 것이 좋다. 위장 불편감이나 예기치 못한 반응을 피하기 위함이다.

4) 경기 전 섭취하면 좋은 식품과 피해야 할 식품

(1) 경기 전 섭취하면 좋은 식품

운동 전에는 소화가 잘 되면서도 안정적으로 에너지를 공급할 수 있는 음식을 선택하는 것이 중요하다.

- **탄수화물 식품**: 밥, 고구마, 감자, 통밀빵 등 복합 탄수화물 식품
  → 혈당을 천천히 올려 경기내내 지속적인 에너지를 제공한다.
- **단백질 식품**: 삶은 달걀, 두부, 저지방 우유나 두유, 닭가슴살 등
  → 근육을 보호하고 스윙과 보행에 필요한 지구력을 유지하는 데 도움이 된다.

(2) 경기 전 피해야 할 식품

- **기름진 음식**(튀김류, 패스트푸드)
  소화가 느리고, 속이 더부룩해서 경기에 방해가 된다.
- **너무 단 음식**(케이크, 초콜릿, 당 음료)
  혈당을 급하게 올렸다가 떨어지면서 오히려 피로감을 유발할 수 있다.
- **찬 음식**(아이스커피, 냉면 등)
  위장의 활동을 방해해 소화불량을 일으킬 수 있다.
- **카페인 음료**(커피, 홍차, 에너지 음료)
  이뇨 작용으로 탈수를 유발하고, 심장 두근거림이나 불안감을 높일 수 있다.

(3) 경기 전 섭취하기 좋은 간식

아침 식사를 거르거나, 식사 후 시간이 오래 지났다면 운동 30분~1시간 전에 가벼운 간식을 섭취하는 것이 좋다. 이러한 간식은 혈당을 안정적으로 유지하면서도 과한 포만감을 주지 않아, 파크골프처럼 가벼운 유산소 운동에 적합하다.

3. 파크골프 경기 중 영양 보충

파크골프는 최소 1시간 이상 걷고, 반복적으로 스윙을 하며, 햇볕과 바람 등 다양한 야외 환경에 노출되는 복합 운동이다. 이 과정에서 체내 수분은 땀으로 지속적으로 손실되고, 혈당은 점차 낮아지며, 체력과 집중력도 저하될 수 있다. 특히 갈증을 느낄 때는 이미 탈수가 진행된 상태일 가능성이 높아 경기력 저하뿐 아니라 근육경련, 어지럼증, 심한 경우 열 손상으로 이어질 수 있다. 또한 혈당이 낮아지면 손과 눈의 협응력이 떨어져 스윙 정확도가 감소하고 피로가 심해진다.

따라서 경기 중 적절한 수분과 영양 보충은 단순한 갈증 해소를 넘어, 안정적인 체력 유지와 부상 예방, 나아가 안전한 플레이를 위한 핵심 전략이라 할 수 있다.

1) 경기 중 나타나는 신체적 변화

파크골프는 장시간의 걷기와 스윙이 반복되면서 다양한 생리적 변화를 유발한다. 경기 중에는 수분 손실과 혈당 변화, 근육과 관절의 부담, 체온 상승, 심혈관계 반응 등이 복합적으로 나타나며, 이러한 변화는 경기력과 안전에 직접적인 영향을 준다. 이러한 변화를 이해하는 것은 모든 파크골퍼에게 필수적이다.

(1) 수분 및 전해질 손실

경기 중 땀을 통해 수분과 나트륨, 칼륨 같은 전해질이 손실된다. 땀 배출이 많아질수록 혈액량이 감소하고 심장 박동수가 증가한다.

- **증상**: 갈증, 입 마름, 집중력 저하, 어지럼증, 심한 경우 근육 경련이나 열사병

(2) 혈당과 에너지 대사 변화

장시간 걷기와 스윙으로 근육의 글리코겐이 소모되면서 혈당이 점차 떨어진다.

- **증상**: 피로감, 시야 흐림, 반응속도 저하, 스윙 정확도 감소, 저혈당 시 어지럼증이나 손 떨림

(3) 체온 상승에 따른 변화

지속적인 운동과 햇볕 노출로 체온이 상승하고, 이에 따라 땀 분비가 증가하면서 체내 수분이 감소하게 된다.

- **증상**: 피부 붉어짐, 과도한 땀, 현기증, 탈수, 열탈진 위험

(4) 심혈관계 반응

신체 활동량이 늘어나면서 교감신경이 활성화되어 심박수와 호흡수가 증가하고, 혈액이 근육으로 집중공급 된다.

- **증상**: 숨 가쁨, 심장 두근거림, 심혈관 질환이 있는 경우 가슴 압박감이나 흉통 위험

(5) 근육과 관절의 부하

반복 스윙과 장시간 걷기로 어깨, 허리, 무릎에 긴장이 쌓이고 미세 손상이 발생할 수 있다.

- **증상**: 허리 뻐근함, 어깨 통증, 무릎 뻣뻣함, 경기 후반에 근육 피로와 경직

특히 나이가 들수록 갈증을 느끼는 감각이 둔해지므로, 목이 마르기 전에 수분을 보충하는 습관이 필요하다. 또한 혈당 관리가 필요한 사람은 저혈당 위험에 빠지기 전에 적당한 영양, 특히 당을 보충해야 한다.

2) 경기 중 수분 보충을 위한 음료 선택 가이드

유산소 운동 중에는 20~30분마다 100~150ml 정도의 수분을 보충하고, 갈증을 느끼기 전에 미리 섭취하는 것이 바람직하다. 한 번에 많이 마시기보다는 자주, 조금씩 마시는 것이 좋다. 특히 여름철에는 체온 조절을 위해 땀을 많이 흘리게 되는데, 이때 수분 보충이 늦어지면 체온이 올라가고 체력 저하로 이어질 수 있다. 가을이나 겨울에도 건조한 공기와 바람에 의해 수분 손실이 발생하므로 계절과 상관없이 수분 섭취는 필수다.

종류	장점	주의할 점
미지근한 물	위에 부담이 적고 흡수가 가장 빠르다.	너무 차가운 물은 위장 자극으로 소화를 방해할 수 있다.
스포츠음료	땀으로 손실된 전해질을 보충해 근육경련 예방에 도움이 된다.	당분 함량이 높은 제품은 피하고, 저당 제품을 선택한다.
전해질 정제 + 물	휴대가 간편하며, 필요 시 수분과 염분을 효율적으로 보충할 수 있다.	제품별 권장 용법(예: 정제 1개당 물 500ml)을 반드시 지킨다.

[주의] 경기 중 수분 보충에 적합하지 않은 음료

라운드 중 갈증 해소를 위해 다음과 같은 음료를 선택하면 오히려 역효과를 낼 수 있으므로 주의해야 한다.

카페인 함유 음료 (커피, 녹차, 에너지 음료 등)

카페인은 이뇨 작용을 촉진해 체내 수분 배출을 늘리므로 탈수를 악화시킬 수 있다. 절대 물을 대체할 수 없다.

탄산음료 및 과일 주스

당분 함량이 높아 혈당을 급격히 올리고, 소화에 부담을 주어 복부 팽만감이나 불편함을 유발할 수 있다.

3) 경기 중 영양 보충 원칙

모든 경우에 간식이 필요한 것은 아니다. 그러나 운동 전 식사를 충분히 못했거나, 라운딩 시간이 길어지는 경우엔 중간 간식이 경기력 유지에 큰 도움이 된다. 특히 오전과 오후를 넘겨 진행되는 경기나, 여름철처럼 체력 소모가 큰 상황에서는 혈당을 안정적으로 유지하고, 피로를 늦추는 데 효과적이다.

(1) 언제 먹으면 좋을까?

- 9홀 라운딩을 마친 직후
- 운동이 1시간 이상 지속될 때
- 몸이 처지거나 기력이 떨어진다고 느낄 때

(2) 무엇을 섭취하면 좋을까?

경기 중에는 소화가 잘되고, 당분과 수분을 빠르게 공급할 수 있는 가벼운 간식이 좋다.

- **탄수화물**: 바나나, 건포도, 크래커, 에너지바 → 빠른 혈당 보충
- **단백질·지방 소량 보충**: 견과류, 치즈 스틱 → 포만감 유지, 지속적 에너지 제공

간식 종류	이유
바나나	천연 당분과 칼륨이 풍부, 흡수가 빠름
건포도·말린 과일	당 보충, 간편한 휴대가 간편
에너지바	탄수화물·단백질 혼합, 휴대 간편
소량의 견과류	장시간 에너지 유지, 심장 보호
스포츠 젤	빠른 혈당 보충, 섭취가 간편

이 외에도 두유 한 팩, 삶은 고구마 작은 조각, 플레인 요거트 등이 좋은 선택이 될 수 있다. 다만, 기름지거나 소화가 오래 걸리는 간식(튀김, 빵, 초콜릿, 과자 등)은 경기 중 위장 부담을 유발할 수 있으므로 피하는 것이 좋다.

4. 파크골프 경기 후 회복을 위한 영양 관리

파크골프를 마친 뒤의 식사 역시 회복의 중요한 일부다.

'오늘 참 많이 걸었다.'라는 만족감도 잠시, 허기가 밀려오고 다리가 뻐근해지는 경험을 할 수 있다. 이것은 장시간의 걷기와 반복적인 스윙으로 인해 체내 글리코겐이 고갈되고, 근육과 관절에 미세 손상이 발생하며, 수분과 전해질이 땀을 통해 손실되었기 때문이다.

많은 파크골퍼들이 운동 후 단순히 물만 마시거나, 배가 고프다며 아무 음식이나 급하게 먹는 경우가 있다. 그러나 이때 무엇을 어떻게 먹느냐에 따라 회복 속도와 다음 날 컨디션이 크게 달라질 수 있다. 경기 후 영양 보충은 단순한 배고픔 해소가 아니라, 체력 회복, 부상 예방, 다음 활동 준비를 위한 필수 과정이다. 이 과정을 소홀하면 회복이 늦어지고 피로가 누적되어 부상 위험이 높아진다.

1) 운동 회복의 원리

운동을 마친 직후 우리 몸은 자연스럽게 '회복 모드'로 들어간다. 파크골프처럼 최소 1시간 이상 걷고 스윙을 반복하면, 근육 속 글리코겐(에너지 저장고)이 많이 소모되고, 근육과 관절에는 미세 손상이 남는다. 여기에 땀을 통해 수분과 전해질 손실까지 더해지면 체내 균형이 쉽게 무너질 수 있다. 이 상태를 방치하면 피로가 오래가고, 다음 날 근육통이나 집중력 저하로 이어지기 쉽다.

운동 후 회복이 중요한 이유는, 이 시기에 영양소 흡수 효율이 가장 높아지기 때문이다. 운동 직후 30분~2시간을 흔히 '회복의 골든 타임'이라 불리며, 이때 탄수화물을 섭취하면 근육 글리코겐 재합성이 평소보다 2배 이상 빨라진다. 단백질을 함께 섭취하면 손상된 근섬유가 효과적으로 복구되고 근육의 질도 향상된다. 쉽게 말해, 운동 후 영양 섭취는 '고갈된 연료탱크를 채우고, 고장 난 부위를 수리하는 과정'이라고 할 수 있다. 또한 운동 중 발생한 활성산소(노화를 촉진하고 세포를 손상시키는 물질)를 제거하기 위해 비타민 C, E 같은 항산화 영양소가 필요하다. 이를 통해 염증 반응을 줄이고 면역력을 회복하도록 돕는다. 마지막으로 수분과 전해질을 보충해야 혈액 순환과 체온 조절이 정상화된다.

정리하면, 운동 후 회복은 다음 네 가지 축으로 이루어진다. 이 과정을 잘 챙길수록 다음 날 몸이 가볍고, 파크골프를 오래 즐길 수 있는 체력이 유지된다.

① **탄수화물로 에너지 충전**: 글리코겐 재충전, 근육 에너지 저장 회복
→ 바나나, 고구마, 잡곡밥

② **단백질로 근육 복구**: 손상된 근섬유 회복, 근육통 감소, 근육량 유지
→ 달걀, 두부, 닭가슴살, 요거트

③ **항산화 영양소로 피로·염증 완화**: 활성산소 제거, 염증 완화, 면역력 회복
→ 비타민 C·E, 베리류, 파프리카, 견과류

④ **수분·전해질로 균형 회복**: 수분·나트륨·칼륨 보충, 탈수와 경련, 열손상 예방
→ 물, 이온음료, 수분 많은 과일(수박, 오렌지)

2) 회복을 위한 영양 보충 원칙

(1) 영양 보충 시기별 전략

- **30분 이내 (회복의 황금 시간대)**: 소모된 글리코겐을 빠르게 재충전하고 근육 회복을 시작하는 시점이다. 영양 흡수 효율이 가장 높은 시점
  - 빠른 흡수의 탄수화물과 단백질을 함께 섭취(탄수화물:단백질 = 3~4:1 비율)
- **2시간 이내**: 회복을 지속하고 체력과 면역을 회복하는 단계다.
  - 잡곡밥, 살코기, 채소, 국 등을 포함한 균형 잡힌 식사 권장
- **하루 동안의 관리**: 체내 수분과 전해질 균형을 회복하고, 염증과 피로를 줄이며 몸 전체 컨디션을 정상화하는 단계다.
  - 체중 1kg당 약 30ml 이상의 수분 섭취
  - 항산화 식품을 포함한 식단

(2) 회복에 적합한 식품 구성

운동 후에는 탄수화물과 단백질이 함께 포함된 식사가 이상적이다. 일반적으로

탄수화물: 단백질 비율은 3~4:1 정도가 적당하며, 식사량은 과하지 않도록 '포만감 80%' 수준으로 조절한다.

- **탄수화물**: 고구마, 바나나, 잡곡밥, 통밀빵
- **단백질**: 닭가슴살, 두부, 달걀, 저지방 요거트, 생선
- **수분·전해질**: 물, 이온음료, 수분이 많은 과일(수박, 오렌지)
- **항산화 영양소**: 베리류, 파프리카, 토마토, 시금치, 견과류

(3) 운동 후 피해야 할 식사

운동을 마치고 뭔가 시원하고 자극적인 음식이 당길 수 있지만, 이 시점에 기름지고, 차고, 짜거나 단 음식을 많이 먹으면, 오히려 몸이 더 피곤해지고 회복이 늦어질 수 있다. 다음은 피해야 할 식사 예시다.

식사	피해야 하는 이유
라면 + 김치 + 탄산음료	나트륨 과다, 탈수 악화
햄버거 + 감자튀김	고지방, 포화지방 과잉, 소화 지연
아이스크림 + 빵	단순당과 지방 과잉, 혈당 급상승 후 급하강

제5장
파크골프, 품격있고, 안전하게
기본 에티켓

파크골프는 단순히 공을 치는 운동을 넘어, 함께 어울려 즐기는 생활 스포츠다. 같은 코스를 걷고, 같은 시간을 공유하는 만큼, 경기력만큼이나 중요한 것이 바로 매너와 에티켓이다. 작은 행동 하나가 동반자의 기분을 좌우하고, 경기장 전체의 분위기를 바꿀 수 있다.

이 장에서는 파크골프를 더욱 즐겁고 안전하게 즐기기 위한 품격 있는 기본 에티켓을 다룬다. 입문자가 반드시 알아야 할 티오프 시간 준수, 복장과 인사 예절에서부터, 경기 진행 중 지켜야 할 배려 습관, 그리고 안전을 위한 기본 예절까지 차례로 살펴본다. 또한 코스를 함께 사용하는 사람으로서 책임있는 태도와, 동반자를 존중하는 마음가짐의 중요성도 함께 소개한다.

에티켓은 규칙처럼 억지로 외워야 하는 의무가 아니다. 그것은 함께하는 즐거움을 키우고, 모두가 편안하게 플레이하기 위한 서로의 약속이다. 이 장을 통해 독자들은 파크골프가 단순한 경기 그 이상으로, 사람과 사람을 이어주고 품격 있는 여가문화를 만들어 가는 소중한 장이라는 사실을 자연스럽게 느끼게 될 것이다.

1. 파크골프 입문자를 위한 기본 에티켓

파크골프는 단순한 경기 종목이 아니라, 자연과 함께하며 사람 사이의 관계를 소중히 여기는 생활 스포츠다. 이 때문에 파크골프에서는 '좋은 기록'보다 '좋은 분위기'를, '치열한 경쟁'보다 '따뜻한 배려'를 더 중요하게 여긴다. 실력이 뛰어난 사람보다, 함께하면 즐겁고 편안한 '예의 바른 사람'이 더 환영받는 이유이다. 처음 필드에 서면 스윙과 샷에 대한 걱정이 앞서기 마련이지만, 처음부터 완벽한 플레이를 할 필요는 없다. 그보다 먼저 갖춰야 할 것이 바로 기본 에티켓이다. '티오프 시간 준수', '단정한 복장', '밝은 인사'와 같은 기본 태도는 라운드의 시작부터 끝까지 긍정적인 분위기를 만들어 주는 기본 토대와 같다. 이 기본이 지켜질 때 비로소 나와 동반자 모두가 편안하고 즐거운 경기를 할 수 있다.

여기서는 모든 파크골퍼가 갖추어야 할 이 세 가지 기본 태도를 차례로 살펴본다.

1) 티오프 시간 준수: 신뢰의 시작

파크골프에서 티오프(Tee-off) 시간이란 첫 홀에서 첫 샷을 시작하기로 약속된 정확한 시각을 의미한다. 이는 단순히 개인의 약속을 넘어, 코스 전체의 원활한 진행을 지키는 중요한 규칙이다. 한 팀의 지각은 뒤따르는 팀들의 흐름을 방해하고, 경기 지연이나 안전 문제로까지 이어질 수 있다.

무엇보다 티오프 시간은 동반자와의 약속이다. 한 사람의 늦은 도착으로 팀 전체가 기다리게 되면 즐거워야 할 경기의 시작부터 분위기가 흐트러질 수 있다. 시간을 지키는 작은 행동 하나가 동반자에게 신뢰를 주고, 경기 내내 긍정적인 분위기를 만든다.

(1) 티오프 시간을 지키는 현명한 습관

- **최소 20~30분 전 도착:** 교통상황, 주차, 접수 등 예상치 못한 변수를 고려해 여유롭게 도착한다.
- **5분 전 티박스 대기:** 스트레칭과 장비 점검은 미리 마치고, 티오프 5분 전에는 출발 지점에서 대기한다.
- **부득이한 경우 사전 연락:** 늦어질 상황이 생기면 반드시 동반자에게 미리 연락하여 상황을 알리는 것이 기본 예의다.

기분 좋은 라운드는 정시에 동반자와 함께 티박스에 서는 순간부터 시작된다.

2) 경기 복장: 매너의 첫걸음

파크골프 복장은 단순한 옷차림이 아니라, 동반자와 코스에 대한 존중의 표현이다. 또한 안전과 경기력에 직접적인 영향을 미치는 중요한 요소이기도 하다.

계절·상황	좋은 복장 예시 (Best Practice)
봄·가을 (일교차가 큰 계절)	상의: 흡습성이 좋은 기능성 폴로셔츠 위에 얇은 바람막이나 조끼 하의: 신축성이 뛰어난 면바지나 기능성 골프 바지 모자: 햇빛을 가려줄 수 있는 캡 모자 또는 버킷햇 기타: 미끄럼 방지 기능이 있는 파크골프 장갑
여름 (고온 다습, 자외선)	상의: 자외선 차단(UPF) 기능이 있는 밝은 색상의 냉감 소재 티셔츠 하의: 통기성이 좋은 얇은 소재의 반바지나 긴 바지 모자: 얼굴과 목을 가릴 수 있는 챙 넓은 모자 기타: 자외선 차단용 팔 토시(쿨 토시), 선글라스, 땀 흡수가 빠른 장갑
겨울 (혹한, 찬 바람)	상의: '레이어링' 착용 - 베이스: 땀을 빠르게 말리는 기능성 내의 - 미드: 보온성을 위한 플리스나 경량 패딩 - 아우터: 바람을 막아주는 방풍 점퍼 하의: 기모 안감 처리된 방한 바지 또는 방풍 바지 기타: 귀를 덮는 방한 모자, 넥워머(목토시), 방한 장갑
비 오는 날 (수중전 대비)	상의/하의: 방수 및 투습 기능이 뛰어난 레인웨어 상·하의 세트 신발: 방수 기능이 있는 골프화나 등산화, 또는 방수 신발 커버 모자: 빗물이 얼굴로 흐르는 것을 막는 방수 기능 모자 기타: 젖었을 때 교체할 수 있는 여분의 장갑 2~3개, 클럽 그립용 수건

(1) 사계절 공통: 기본 에티켓과 안전 수칙

- **신발은 가장 중요한 안전 장비**: 파크골프장은 잔디와 흙으로 이루어져 있어 미끄러지기 쉽다. 바닥 접지력이 좋은 신발은 미끄러짐과 발목 부상을 예방하는 가장 기본적인 안전 장비다.
- **단정한 복장은 존중의 표현**: 지나치게 노출이 심하거나, 찢어진 옷, 잠옷과 같은 복장은 지양한다. 깔끔하고 단정한 스포츠웨어는 기본이다.
- **움직임의 자유**: 어떤 계절이든 스윙을 방해하지 않는, 신축성 좋은 소재를 선택하고, 착용 후 가볍게 스윙 연습을 해보는 것도 좋은 방법이다.

3) 인사 예절: 분위기를 바꾸는 최고의 경기력

파크골프는 기록 경쟁 이전에, 사람과 사람이 만나 교류하는 관계의 스포츠다. 그렇기에 어떤 기술보다도 따뜻한 '인사 예절'이 가장 중요한 경기력이라고 할 수 있다. 인사는 상대방을 존중하고 긍정적인 분위기를 만드는 가장 쉽고 강력한 방법이다.

파크골프에서 인사 예절은 경기 전, 경기 중, 경기 후 마무리 순간을 아름답게 빛난다.

(1) 경기 시작 전: 첫인상의 힘, 기분 좋은 시작을 만드는 인사

라운드의 전체 분위기는 첫인사에서 결정된다. 티박스에서 동반자를 만났을 때, 눈을 맞추고 건네는 "안녕하세요, 잘 부탁드립니다."라는 따뜻한 한마디는 서먹함을 녹이고 편안한 분위기를 만든다. 처음 만나는 사이라면 간단한 자기소개를 곁들이는 것도 좋다. 이 작은 시작이 18홀 내내 이어질 즐거운 라운드의 출발점이 된다.

(2) 경기 중: 코스 위의 배려와 격려의 소통

경기가 시작되면 인사는 배려와 격려의 형태로 이어진다.

- **칭찬과 격려**: 동반자가 멋진 샷을 했을 때 아낌없이 보내는 "굿샷!"이라는 찬사, 실수를 했을 때 건네는 "괜찮아요, 다음 홀에서 만회하면 되죠."라는 격려는 팀의 사기를 높이는 최고의 응원이다.
- **배려의 표현**: 자신의 샷 차례가 되었을 때 대화를 멈추고 조용히 기다리는 것, 가볍게 목례로 양해를 구하는 행동은 깊은 존중을 전한다.

(3) 경기 후: 아름다운 마무리, 감사와 다음을 기약하는 인사

경기의 마지막 인상은 그날의 기억 전체를 좌우한다. 스코어가 좋든 나쁘든, 경기가 끝나면 함께한 동반자에게 모자를 벗고 악수를 청하며 "수고 많으셨습니다.", "덕분에 즐거운 라운드였습니다."라고 진심을 전하는 것이 중요하다. 이 한마디는 사소한 아쉬움을 털어내고, 그날의 기억을 좋게 남기며, 다음 만남을 기약하게 하는 따뜻한 여운이 된다.

2. 경기 진행을 위한 안전 에티켓

파크골프는 공 하나와 클럽 하나로 자연을 거닐며 즐기는 여유로운 운동이다. 승패보다 즐거운 동행을, 기록보다 품격 있는 태도를 중시하는 이 스포츠는 '안전'이라는 기본이 지켜질 때 비로소 완성된다.

파크골프장은 나만의 공간이 아닌 여러 사람이 함께 이용하는 공간이므로, 나의 모든 행동이 다른 사람의 안전과 즐거움에 직결된다는 점을 항상 인식해야 한다. 다음에 모든 파크골퍼가 반드시 숙지해야 할 경기 중 배려 행동과 필수 안전 수칙을 소개한다.

1) 경기 흐름과 배려를 위한 에티켓

(1) 앞 팀과의 안전거리 유지: 최고의 배려

파크골프는 여러 팀이 순차적으로 코스를 이동하며 진행된다. 따라서 앞 팀과의 적절한 간격을 유지하는 것은 경기의 흐름을 원활하게 하고 안전을 확보하는 가장 기본적인 매너이다. 자신의 샷에만 집중하다 보면 자신도 모르게 앞 팀에 너무 가깝게 다가서는 실수를 하기 쉽다.
'앞 팀이 해당 홀의 플레이를 마치고 다음 홀로 안전하게 이동한 뒤에 나의 샷을 시작한다'는 원칙을 반드시 지켜야 한다. 앞 팀의 플레이가 다소 늦어지더라도 재촉하거나 눈치를 주는 행동은 삼가고, 동반자와 대화를 나누며 여유롭게 기다리는 것이 성숙한 파크골퍼의 자세다.

간격을 반드시 유지해야 하는 이유

- **안전사고 예방**: 파크골프 공은 단단하고 속도가 빨라, 몸에 맞을 경우 심각한 부상을 초래할 수 있다. 안전거리는 모두를 보호하는 장치다.
- **심리적 안정감 제공**: 뒤 팀이 너무 가까이 다가오면 앞 팀은 심리적인 압박감을 느껴 자신의 플레이에 집중하기 어렵다. 충분한 거리는 상대방에 대한 존중의 표현이다.

- **원활한 경기 흐름**: 각 팀이 방해 없이 자신의 리듬대로 경기를 진행할 수 있어 코스 전체의 흐름이 안정된다.

앞 팀과의 거리 유지 실천 포인트

- 앞 팀이 홀 아웃 후 그린을 완전히 벗어난 것을 확인한 뒤 티샷을 준비한다.
- 플레이 중에는 공이 앞사람 근처로 날아가지 않도록 충분한 거리를 확보한다.
- 앞 팀의 진행이 느려도 불평하지 않고, 여유를 갖고 기다린다.

2) 조용한 대기: 동반자의 집중력을 지켜주는 자세

파크골프는 정교한 집중력을 요구하는 스포츠다. 동반자가 샷을 위해 어드레스 자세를 취했다면, 그 순간만큼은 모든 대화와 움직임을 멈추고 조용히 기다려주는 것이 기본 예절이다. 샷 직전의 짧은 순간은 가장 집중이 필요한 시간이므로, 주변의 작은 소음이나 움직임도 집중력을 깨뜨려 실수의 원인이 될 수 있다.

조용히 대기하는 방법

- **안전한 위치 선정**: 샷을 하는 사람의 시야에 들지 않도록, 측면이나 후방의 안전거리에서 대기한다.
- **소음 최소화**: 휴대전화는 반드시 진동 모드로 바꾸고, 불필요한 대화나 클럽, 소지품 등으로 소리를 내지 않는다.
- **움직임 정지**: 어드레스부터 샷을 마칠 때까지는 움직이지 않는다.
- **응원과 격려는 샷 이후에**: 칭찬이나 격려는 샷이 완전히 끝난 후에 건넨다.

조용한 대기 실천 포인트

- 동반자가 샷을 준비하면 모든 대화와 움직임을 멈추고 조용히 기다린다.
- 샷이 끝난 후에는 "굿샷!", "괜찮아요." 같은 긍정적인 말로 응원한다.
- 휴대전화는 반드시 진동 모드로 설정하고, 라운드 중 통화는 가급적 삼간다.

3) 스윙 전 주변 확인: 가장 중요한 안전 습관

파크골프 클럽은 생각보다 무겁고, 스윙 시 강력한 힘이 실린다. 한 번의 부주의가 동반자나 자신에게 심각한 부상을 입힐 수 있다. 따라서 샷을 하기 전 주변의 안전을 확인하는 것은 선택이 아닌 의무다.

스윙 전 3단계 안전 확인

① **뒤를 확인하기**: 백스윙 범위 안에 사람이 없는지 확인한다.
② **옆을 확인하기**: 동반자가 나의 스윙 반경 안에 서 있지 않은지 확인한다.
③ **앞을 확인하기**: 공이 날아갈 방향에 사람이 없는지 반드시 확인한다.

최소 2~3m 이상의 안전거리를 확보하고, 샷을 하기 전 "샷 하겠습니다."라고 동반자에게 가볍게 신호를 주는 것도 좋은 안전습관이다.

4) 위험 신호 '볼!': 부끄러움이 아닌 책임감의 표현

숙련된 파크골퍼라도 공이 예상치 못한 방향으로 날아갈 수 있다. 공이 사람 쪽으로 날아갈 경우, 망설이지 말고 즉시 "볼(Ball)!"이라고 크게 외쳐야 한다.

"볼!"이라는 외침은 전 세계 골프장에서 통용되는 공식적인 위험 신호다. 원래 Fore(포)인데 이것은 19세기 스코틀랜드에서 유래된 표현으로 포병에서 포를 쏠 때 앞쪽 사람들에게 조심하라고 외치던 것에서 유래 되었다고 한다. 이는 실수를 인정하는 부끄러운 외침이 아니라, 타인의 안전을 지키려는 책임감 있고 성숙한 행동이다. 이 짧은 신호 하나가 심각한 부상을 막을 수 있다.

"볼!" 외치기 실천 포인트

- 언제: 공이 사람이나 위험 구역으로 날아갈 때 즉시
- 어떻게: 주변 사람들이 모두 들을 수 있도록 최대한 큰 목소리로
- 왜: 상대에게 위험을 알려 몸을 피하거나 보호할 시간을 주기 위해

5) 아이와 함께 즐길 때: 안전 교육은 보호자의 몫

아이와 함께하는 파크골프는 규칙과 배려를 가르치는 훌륭한 교육의 장이 될 수 있다. 그러나 아이의 안전과 다른 동반자에 대한 배려는 전적으로 보호자의 책임이다.

아이 동반 시 필수 지도 사항

- **경기 전 안전 교육**: "스윙하는 사람 근처는 위험해.", "다른 사람이 칠 때는 조용히 기다리는 거야." 등 기본 규칙을 아이 눈높이에 맞춰 미리 설명한다.
- **스윙 구역 접근 금지**: 어른이 스윙할 때는 반드시 안전한 장소에 있도록 하고, 경기 내내 아이가 스윙 반경에 들어오지 않도록 지속적으로 확인한다.
- **코스 내 질서 유지**: 파크골프장은 놀이터가 아님을 알려주고, 갑자기 뛰거나 소란스럽게 행동하지 않도록 지도한다.
- **보호자의 모범**: 보호자가 먼저 안전 수칙과 매너를 철저히 지키는 모습을 보여주는 것이 최고의 교육이다.

아이 동반 시 실천 포인트

- 경기 전 아이에게 맞는 복장과 클럽을 준비하고, 필수 규칙을 설명한다.
- 경기 중 어른이 먼저 매너의 모범을 보이며, 아이가 시야 안에 있도록 확인, 지도한다.
- 라운드가 진행되는 동안 보호자는 끝까지 책임 의식을 가지고 행동한다.

3. 코스 관리를 위한 에티켓: 아름다운 경기장을 함께 만드는 책임

파크골프의 진정한 매력은 자연과 교감하며 즐기는 데 있다. 잘 관리된 푸른 잔디 위를 걷고, 신선한 공기를 마시며 샷을 하는 즐거움은 그 무엇과도 바꿀 수 없다. 이 아름다운 경험의 중심에는 우리가 함께 사용하는 코스가 있다. 코스는 단순한 경기장이 아니라, 모든 파크골퍼가 함께 가꾸고 지켜야 할 공동의 자산이다.

아무리 뛰어난 실력을 갖추었더라도, 코스를 훼손하거나 무책임하게 사용하는 사람은 진정한 파크골퍼라 할 수 없다. 한 사람 한 사람의 작은 배려가 보여 코스의 품질을 유지하고, 그 결과는 모두의 즐거움으로 돌아온다.

1) 홀컵 주변은 소중하게: 퍼팅 그린 보호하기

퍼팅 그린, 특히 홀컵 주변은 코스에서 가장 예민하고 중요한 공간이다. 모든 샷의 최종 목적지인 이곳의 잔디 상태는 경기의 승패와 즐거움에 결정적인 영향을 미친다. 그러나 무심코 저지르는 작은 행동이 이 예민한 공간을 손상시키는 경우가 많다.

- **홀컵 주변 잔디 밟지 않기**: 홀컵 가장자리는 반복적으로 밟히면 쉽게 무너져 내리고 변형된다. 공을 꺼내거나 퍼팅 라인을 확인할 때는 홀컵 바로 옆을 밟지 않도록 한두 걸음 떨어진 위치로 이동하는 습관을 들여야 한다.
- **클럽으로 공 꺼내지 않기**: 홀에 들어간 공을 클럽 헤드로 찍거나 밀어서 꺼내는 행동은 홀컵 주변 잔디를 긁고 훼손하는 가장 좋지 않은 습관이다. 이는 홀의 모양을 변형시켜, 다음 플레이어의 퍼팅에 직접적인 영향을 준다.
- **올바른 공 수거 방법**: 공은 허리를 숙여 손으로 부드럽게 집어 올리는 것이 원칙이다. 허리가 불편하다면, 클럽 그립 끝에 부착하는 공 집게(볼 리트리버)를 사용하는 것이 바람직하다.

2) '아름다운 사람은 머문 자리도 아름답습니다'

파크골프는 자연 속에서 즐기는 웰빙 스포츠다. 우리가 즐기는 아름다운 자연을 스스로 훼손하는 행위는 파크골프의 정신에 어긋난다. 라운드 중 생긴 작은 쓰레기 하나라도 코스에 남겨 두는 것은 미관을 해칠 뿐만 아니라, 코스를 관리하는 분들의 수고를 더하고 다른 동호인들에게 불쾌감을 준다.

- **내 쓰레기는 내가 책임진다는 원칙**: 음료수 병, 과자 봉지, 사용한 마스크 등 자신이 가져온 모든 물품은 라운드가 끝날 때까지 직접 소지하고, 반드시 지정된 쓰레기통에 버리거나 집으로 되가져가야 한다.
- **동반자와 함께하는 작은 실천**: 라운드가 끝난 뒤, 팀원들과 함께 주변을 한 번 둘러보며 쓰레기가 남아 있지 않은지 확인하는 습관은 코스를 지키는 성숙한 문화의 시작이다.

제6장
파크골프 첫걸음
경험자가 전하는 핵심 TIP

처음 파크골프장을 찾았던 날을 기억하는가? 손에 쥔 클럽이 어색했고, 공은 생각만큼 멀리 나가지 않았으며, 옆 사람은 유난히 잘 치는 것처럼 보였을지도 모른다. 그날, 익숙하지 않은 장비와 새로운 환경 속에서 약간의 긴장을 느꼈을 수도 있다. 그러나 바로 그 순간이 파크골프를 향한 가장 소중한 첫걸음이다.

파크골프는 힘보다 리듬, 경쟁보다 여유를 중시하는 스포츠다. 공을 잘 치는 것보다 마음을 다스리는 법을 배우는 과정이기도 하다. 공을 향해 세게 휘두르던 팔의 힘이 서서히 빠지고, 잔디 위를 걸으며 자연과 호흡하기 시작할 때, 비로소 파크골프의 진짜 매력이 드러난다. 잘 치는 사람이 고수가 아니라, 오래 즐기는 사람이 진정한 고수다. 파크골프는 기록보다 함께하는 함께한 시간을, 점수보다 경험의 가치를 남긴다.

이 책은 파크골프를 처음 시작하는 분들이 기초를 익히고 안전하게 즐길 수 있도록 준비되었다. 열 가지 핵심 원칙을 통해 몸의 균형을 잡고, 마음에 여유를 더하며 스스로에게 맞는 건강한 경기 습관을 만들어 가길 바란다. 오늘의 한 타가 내일의 자신감을 키워 줄 것이다.

1. 공은 '세게'가 아니라 '부드럽게'
힘을 주기보다 부드럽게 이어지는 스윙이 더 좋은 결과를 만든다. 일정한 흐름을 유지하면 거리와 방향은 자연스럽게 안정된다.

2 균형이 핵심이다.
균형이 흐트러지면 스윙도 흔들린다. 발의 감각이 중심을 잡는 첫걸음이다.

3. 공을 보지 말고 '고정된 지점'을 본다.
시선을 한 점에 집중하면, 그 한 점이 스윙의 리듬과 방향을 만든다.

4. 공은 힘이 아니라 리듬의 결과이다.
공을 치려 하기보다 몸의 흐름에 따라 맡기면, 부드러움이 정확함을 만든다.

5. 거리보다 방향이 우선이다.
멀리보다 곧게, 세게보다 일정하게. 방향이 점수를 만든다.

6. OB는 실패가 아니라 배움이다.
공이 벗어났다면 원인을 점검하고 침착함을 유지하라. 그 순간이 곧 성장이다.

7. 스윙은 팔이 아니라 어깨에서 완성된다.
팔의 힘을 빼고 어깨의 회전에 집중하라. 스윙의 완성은 몸 전체의 균형에서 나온다.

8. 파크골프는 '멘탈 게임'이다.
마음이 조급하면 공도 흔들린다. 한 번의 깊은 호흡이 최고의 기술이다.

9. 장비보다 자세가 먼저다.
좋은 장비보다 올바른 자세가 실력을 만든다. 라운드 전, 오늘의 자세를 먼저 점검한다.

10. 점수보다 오래 남는 것은 추억이다.
파크골프의 진짜 목적은 이기는 것이 아니라, 함께 즐기는 데 있다.

1. 공은 '세게'가 아니라 '부드럽게'

힘을 주기보다 부드럽게 이어지는 스윙이 더 좋은 결과를 만든다. 일정한 흐름을 유지하면 거리와 방향은 자연스럽게 안정된다.

처음 클럽을 잡으면 대부분 공을 세게 치려 한다. 팔에 힘을 주면 더 멀리 나갈 것 같지만, 실제로는 오히려 방향이 흔들리고 비거리가 줄어든다. 파크골프의 비결은 힘이 아닌 리듬에 있다. 백스윙과 다운스윙이 물결처럼 자연스럽게 이어질 때, 공은 스스로 궤도를 그리며 부드럽게 나간다. 세게 치면 순간 속도는 빨라지지만, 방향이 불안정해지고, 힘을 빼고 길게 스윙하면 일정하고 안정적인 탄도가 만들어진다. 그 차이는 바로 '흐름'의 감각, 즉 공을 '치는' 것이 아니라 '보내는' 것에 있다. 스윙은 팔의 근육이 아니라 몸 전체의 조화로 완성된다. 어깨가 돌고, 허리가 이어지고, 팔은 그 흐름에 자연스럽게 실린다. 공을 세게 치기보다 '길게 보낸다'는 느낌으로 스윙해 보자. 그 순간 스윙의 리듬과 거리감이 안정된다.

2. 균형이 핵심이다

균형이 흐트러지면 스윙도 흔들린다. 발의 감각이 중심을 잡는 첫걸음이다.

스윙이 흔들릴 때는 발의 균형을 먼저 살펴보아야 한다. 파크골프는 팔보다 하체의 안정과 리듬에서 시작된다. 균형이 무너지면 좋은 스윙도 제 힘을 발휘하기 어렵다. 잔디 위에서 두 발로 지면의 단단함을 느끼며, 몸의 중심이 어느 쪽으로 쏠려 있는지 살펴보자. 백스윙에서는 오른발, 임팩트 순간에는 왼발로 체중이 자연스럽게 이동할 때 스윙의 흐름도 부드러워진다. 발끝이 향하는 곳으로 공은 나간다. 무릎이 굳으면 중심이 흔들리고, 체중의 흐름도 끊긴다. 양발은 스윙의 나침반이자, 가장 믿음직한 코치다. 스윙이 흔들릴수록 발의 감각을 점검해 보고, 잔디의 상태, 지면의 탄력, 체중의 이동을 인식하는 순간 몸은 자연스럽게 균형을 회복한다. 파크골프의 고수는 공을 치는 사람이 아니라, 코스를 이해하는 사람이다.

3. 공을 보지 말고 '고정된 지점'을 보라

시선을 한 점에 집중하면, 그 한 점이 스윙의 리듬과 방향을 만든다.

공을 전체로 바라보면 집중이 분산된다. 공의 한 지점, 예를 들어 뒷면 아래쪽을 마음속으로 정하고 그 점만 바라보고 스윙하면 클럽 헤드가 자연스럽게 그 지점을 통과한다. 이 작은 습관이 큰 변화를 만든다. 시선이 고정되면 어깨의 리듬이 일정해지고, 몸의 중심이 안정되어 스윙이 부드러워진다. 공을 치는 것이 아니라, '그 점을 지나간다'는 느낌으로 스윙해 본다. 한 점에 집중하는 것은 단순한 기술이 아니라 마음의 훈련이다. 시선이 안정되면 몸의 움직임도 일정해지고, 그 일정함이 곧 공의 방향을 결정한다. 작은 점 하나에 마음을 모으는 순간, 당신의 스윙은 한층 정교해진다.

4. 공은 힘이 아니라 리듬의 결과이다

공을 치려 하기보다 몸의 흐름에 맡기면 부드러움이 정확함이 된다.

파크골프의 클럽은 공을 내리치는 도구가 아니다. 힘으로 치려 하면 스윙의 리듬이 깨지고, 공은 방향을 잃는다. 반대로 클럽 헤드의 무게에 몸의 움직임을 자연스럽게 맡기면, 공은 부드럽고 일정한 탄도로 날아간다. 스윙의 본질은 '때림'이 아니라 '흐름'이다. 백스윙과 다운스윙이 한 줄의 선처럼 이어질 때, 공은 손의 힘이 아닌 리듬의 결과로 움직인다. 부드럽게 선을 그리듯 스윙하는 그 순간, 파크골프의 진짜 감각이 완성된다.

5. 거리보다 방향이 우선이다

멀리 보다 곧게, 세게 보다 일정하게. 방향이 점수를 결정한다.

멀리 보내려는 욕심은 초보자에게서 볼 수 있는 가장 흔한 실수다. 하지만 파크골프에서는 '멀리'보다 '곧게'가 더 중요하다. 70미터를 보내도 OB라면 의미가 없고, 40미터라도 일정하고 정확하게 보낼 수 있다면 그것이 진짜 실력이다. 정확한 방향은 리듬에서 나온다. 스윙이 급하면 공은 흔들리고, 일정한 속도로 지나가면 공은 목표를 향해 안정적으로 나간다. '거리를 내겠다'는 욕심보다 '선을 그린다'는 마음으로 스윙해 본다. 방향이 일정하면 실수가 줄고 자신감이 쌓인다. 파크골프는 장타의 게임이 아니라, 곧은 마음의 게임이다. 공을 멀리 보내기보다 바르게 보내는 법을 익히는 순간, 당신은 이미 점수를 얻은 것이다.

6. OB는 실패가 아니라 배움이다

공이 벗어났다면, 원인을 점검하고 침착함을 유지하는 그 과정이 곧 성장이다.

OB는 누구에게나 일어난다. 프로 선수도, 초보자도 예외는 없다. 중요한 것은 그 다음이다. '왜 벗어났을까?'라는 질문을 던지는 순간, 다음 스윙은 달라질 수 있다. 공이 벗어났다면 자세를 점검하고 시선이 흔들렸는지, 균형이 무너졌는지, 리듬이 급해졌는지를 돌아보는 것이 중요하다. OB는 실패가 아니라 다음 스윙을 위한 점검할 수 있는 기회다. 한 번의 OB가 열 번의 교정을 남기고, 그 교정이 당신의 스윙을 단단하게 만든다. 파크골프는 완벽함의 운동이 아니다. 실수 속에서 리듬을 배우고, 그 리듬 속에서 마음을 다듬는 운동이다. 공이 벗어났을 때 침착함을 유지할 수 있다면, 그 자체가 이미 성장하고 있는 파크골퍼이다.

7. 스윙은 팔이 아니라 어깨에서 완성된다

팔의 힘을 빼고 어깨의 회전에 집중해야 한다. 스윙은 몸 전체의 균형에서 완성된다.

팔로만 휘두르면 스윙은 짧고 급해진다. 파크골프 스윙의 중심은 어깨다. 어깨가 부드럽게 회전하면 팔은 자연스럽게 따라오고, 몸 전체로 이어지는 큰 원이 만들어진다. 허리와 하체가 함께 회전하며 중심이 흔들리지 않으면 공은 일정한 리듬으로 곧게 나간다. 팔의 힘을 빼고 어깨의 회전을 유지하면 공은 자연스럽게 멀리, 일정하게 나간다. 스윙의 완성은 손이 아니라 몸 전체의 조화에서 나온다. 어깨의 움직임이 안정되면 스윙은 흔들리지 않는다.

8. 파크골프는 '멘탈 게임'이다

마음이 조급하면 공도 흔들린다. 한 번의 호흡이 최고의 기술이다

파크골프는 단순한 기술의 운동이자 마음을 다스리는 정신 운동이기도 하다. 마음이 조급해지면 스윙의 리듬이 깨지고, 한 번의 실수에 집착하면 다음 샷까지 흔들린다. 공을 치기 전, 천천히 숨을 내쉬고 들이마셔 보자. 그 짧은 호흡이 마음을 안정시키고 집중력을 되찾게 한다. 결국 경기를 지배하는 것은 기술이 아니라 마음의 안정이다. 파크골프는 타인과의 경쟁이 아닌, 자신과의 경기다. 마음이 안정될수록 스윙의 리듬이 일정해지고 공은 자연스럽게 목표를 향해 나간다.

9. 장비보다 자세가 먼저다

좋은 장비보다 올바른 자세가 실력을 만든다.

자세가 흐트러지면 어떤 장비도 제 역할을 하지 못한다. 숙련된 파크골퍼는 장비보다 자세를 먼저 점검한다. 자세는 몸의 균형뿐 아니라 마음의 상태도 보여준다. 기본이 안정되면 스윙도 자연스럽게 균형을 찾는다. 꾸준한 연습과 올바른 자세가 실력을 완성한다. 오늘의 자세를 다시 점검해 본다. 스윙은 그렇게 조금씩 완성되어 간다.

10. 점수보다 오래 남는 것은 추억이다

파크골프의 진짜 목적은 이기는 것이 아니라, 함께 즐기는 것에 있다.

파크골프는 기록을 쌓는 운동이 아니라 사람과 함께 시간을 나누는 운동이다. 공이 멀리 가지 않아도, 점수가 기대에 못 미쳐도 괜찮다. 라운드 내내 나눈 대화와 웃음, 그리고 자연 속에서 함께 한 시간이 진짜 성과이자 보상이다. 경기를 마치고 남는 것은 숫자가 아니라 기억이다. 함께 웃으며 서로의 플레이를 응원한 마음, 그것이 다시 파크골프를 하고 싶게 만드는 파크골프의 매력이다. 함께하는 순간을 즐길 줄 아는 사람, 그 사람이 바로 진짜 파크골퍼다.

제7장

파크골프, 알고 치면 더 즐겁다

자주 묻는 질문

파크골프를 시작하려는 분들이 흔히 마주하는 것은 궁금증이다. 클럽은 비쌀수록 좋은지, 성별과 연령에 따라 달라야 하는지, 어떤 용품까지 준비해야 하는지 등에 대한 질문은 입문자라면 누구나 한 번쯤 고민한다. 그러나 경험자들의 답은 의외로 단순하다. 장비의 가격이나 화려함보다 중요한 것은 자신에게 맞는 편안함과 꾸준한 연습이다.

이 장에서는 장비에 관한 진실뿐 아니라, 입문자들이 가장 많이 궁금해하는 질문들을 정리한다. 레슨은 어느 정도가 적절한지, 가족과 함께 즐길 수 있는지, 사계절 내내 가능한지, 비용은 얼마나 드는지 등 실생활에 밀접한 주제들을 다룬다. 더 나아가 동호회 활동, 대회 참가, 자격증 취득, 해외 투어 등 파크골프를 확장해 즐기는 방법도 함께 소개한다.

처음에는 막연한 의문이 많지만, 하나하나 확인해 보면 생각보다 간단하고 열린 생활 스포츠임을 알게 된다. 이 장을 통해 독자들은 불필요한 걱정을 내려놓고, 후회 없이 파크골프를 즐길 수 있는 자신감과 방향을 찾게 될 것이다.

1. 파크골프 장비의 진실

처음 파크골프를 시작하기로 마음먹으면 가장 먼저 드는 고민이 '어떤 클럽을 사야 할까?', '비싸지는 않을까?'였다. 매장이나 스크린 연습장에서 본 클럽들이 꽤 고가로 보이기도 하고, 시타를 해보면 비싼 제품이 더 좋아 보이는 느낌이 들기도 한다. 반면 '초보인데 굳이 비싼 장비가 필요할까?'라는 의문이 들면서도 저가형 제품을 고르기엔 주변의 시선이 신경 쓰이는 것도 사실이다.

그래서 많은 입문자들은 '조금 더 경험한 뒤에 결정하자.'라고 결론을 내리게 된다. 이글에서는 그런 고민을 독자들과 공유하며, 파크골프 장비에 대한 오해와 진실을 정리하고 '나에게 맞는 클럽'을 고르는 기준과 불필요한 소비를 줄이는 요령을 최대한 객관적으로 안내하고자 한다.

1) 파크골프 클럽, 비쌀수록 좋을까?

결론부터 말하자면, **그렇지 않다.** 파크골프에서는 수백만 원대 최고급 클럽보다, 내 체형과 스윙 스타일에 잘 맞는 30~50만 원대 클럽이 훨씬 좋은 결과를 만드는 경우가 많다. '비싼 클럽'이 아닌 '내 몸에 맞는 클럽'이 최고의 무기다. 현명한 클럽 선택을 위한 4가지 핵심 기준을 알려주고자 한다.

(1) 핵심 기준 1: 나의 체형에 맞는 '길이와 무게'

클럽 선택의 시작이자 가장 중요한 요소이다. 먼저 규정부터 확인하고, 그 범위 안에서 내 몸에 규격을 찾는다.

- **규정**: 길이 86cm 이하, 무게 600g 이하
- **국내 사용 표준**: 무게 약 520g~540g 사이가 가장 널리 사용된다.
- **선택 Tip**:
  - **초보자**: 표준 무게(520~540g)로 시작하는 것이 가장 안정적이다.
  - **무거운 클럽**: 안정감은 있을 수 있으나, 다루기 어렵고 스윙이 둔해질 수 있다.
  - **가벼운 클럽**: 다루기 편하지만, 힘 전달이 부족해 비거리가 줄 수 있다.

(2) 핵심 기준 2: 헤드, 샤프트, 그립의 역할 이해

클럽은 크게 세 부분으로 나뉜다. 각 요소의 역할을 이해하면 자신에게 필요한 클럽이 무엇인지 명확해진다.

구성 요소	핵심 역할	선택 Tip
헤드	공의 방향과 힘을 결정하는 엔진	• 소재: 타구감이 중요한 천연목(단풍, 감나무 등)과 비거리에 유리한 카본이 결합된 형태가 많다. • 무게 중심: 헤드 바닥에 무게추가 있어 중심을 잘 잡아주는 모델은 정확도에 유리하다.
샤프트	힘을 헤드까지 전달하는 뼈대	• 강도 너무 단단하면 다루기 어렵고, 너무 유연하면(낭창거림), 방향성이 흔들린다. • 초보자는 표준 강성의 샤프트가 무난하다.
그립	몸과 클럽을 잇는 유일한 통로	• 손에 편안히 감기고, 미끄럼이 적은 소재가 좋다. • 타격 시 충격 흡수, 안정감을 위해 두툼한 그립을 선호하는 경우가 많다.

(3) 핵심 기준 3: 가격대별 특징

가격표가 실력을 보장해 주지 않는다. 예산에 맞춰 합리적인 선택을 하는 것이 중요하다.

구분	가격대	특징 및 추천 대상
입문용	30~50만 원	• 가장 추천하는 가격대 • 초보~중급까지 사용할 수 있는 충분한 성능 • 처음부터 잘 맞는 제품으로 오래 사용하는 것도 좋은 선택
중·고급자용	50~120만 원	• 더 정교한 타구감, 향상된 비거리, 고급 소재 • 스윙 스타일이 어느 정도 정립된 중급자 이상에 적합
최고급형	120만 원 이상	• 최고급 목재와 카본, 특수 기술이 적용 • 선수급 또는 장비 만족감을 중시하는 경우 선택

(4) 핵심 기준 4: 최고의 방법은 직접 쳐보는 것 (시타, 試打)

백 마디 설명보다 한 번의 스윙이 더 정확하다. 구매 전 가능하다면 반드시 시타를 해보자.

- **시타 장소**: 파크골프 전문 매장, 시타가 가능한 구장
- **체크리스트**
  ① **손의 감각**: 그립을 쥐었을 때 편안한가?
  ② **스윙 느낌**: 클럽을 휘둘렀을 때 무게가 부담스럽지 않은가?
  ③ **타구감과 소리**: 공이 맞을 때 경쾌하고 기분 좋은 느낌이 드는가?
  ④ **결과**: 공이 의도한 방향과 거리로 나아가는가?

파크골프는 단 하나의 클럽으로 모든 샷을 구사하는 스포츠다. 그렇기 때문에 최고의 선택 기준은 가격표가 아닌 '손끝의 감각'이다. 나에게 맞는 클럽을 고르고, 그립 교체, 헤드 청소 등 기본적인 관리만 잘해주시면 오랫동안 즐겁게 사용할 수 있다.

2) 성별, 연령별 클럽이 반드시 달라야 할까?

결론부터 명확히 말하면, **그렇지 않다**. 클럽 선택의 기준은 성별이나 나이가 아니라, **오직 사용자 개인의 신체 조건과 스윙 스타일**이다. 옷을 성별이 아닌 내 체형에 맞춰 고르듯, 클럽도 내 몸에 맞춰야 한다.

(1) 잘못된 통념 vs. 진짜 기준

많은 분들이 가지는 고정관념을 실제 기준과 비교해 보면 왜 개인 맞춤 선택이 중요한지 명확히 알 수 있다.

구분	잘못된 통념	진짜 기준
규정	성별이나 나이에 따라 다른 규정이 있을 것이다.	규정은 모두에게 동일하다. (길이 86cm 이하, 무게 600g 이하) 성별/연령 제한은 전혀 없다.
근력	남자는 무겁게, 여자는 가볍게 써야 한다.	개인의 근력에 맞춰야 한다. 힘이 좋은 여성은 약간 무거운 클럽이 오히려 안정적일 수 있고, 근력이 약한 남성은 가벼운 클럽이 더 효율적일 수 있다.
연령	나이가 들면 무조건 초경량 클럽을 써야 한다.	현재의 건강과 근력 상태가 핵심이다. 꾸준한 운동으로 근력이 좋은 시니어는 일반 무게 클럽이 더 안정적일 수 있다. 지나치게 가벼운 클럽은 오히려 스윙을 불안정하게 만들 수 있다.
그립	손 크기는 성별에 따라 결정된다.	오직 개인의 손 크기에 맞춰야 한다. 성별과 무관하게 손이 작으면 얇은 그립, 손이 크면 두꺼운 그립이 안정감을 준다.

(2) 나에게 맞는 클럽을 찾는 최선의 방법: 직접 경험하기

그렇다면 어떻게 나에게 딱 맞는 클럽을 찾을 수 있을까? 정답은 '직접 쥐고 휘둘러보는 것'이다. 대여클럽으로 여러 무게를 경험하고, 가능하다면 전문 매장에서 시타를 해본다.

- **대여 클럽 활용**: 구장에 비치된 다양한 무게의 대여 클럽을 사용해 본다. 어떤 무게가 내 스윙 리듬에 가장 잘 맞는지 직접 느껴보는 것이 중요하다.
- **전문 매장 방문 및 시타**: 전문가의 조언을 듣고 여러 브랜드의 클럽을 직접 시타해 보는 것도 추천한다. 아래 항목들을 중점적으로 확인하면 좋다.
  - **편안함(그립감)**: 그립을 쥐었을 때 내 손에 착 감기는가?
  - **안정성(무게 부담)**: 스윙을 할 때 클럽의 무게가 부담스럽지 않고 안정적으로 느껴지는가?
  - **타구감(손에 전해지는 느낌)**: 공을 쳤을 때 손에 전해지는 느낌과 소리가 경쾌한가?

파크골프 클럽 선택의 질문은 '남자용인가, 여자용인가?'가 되어서는 안 된다. 이 클럽이 나에게 편안하고 잘 맞는지가 유일한 질문이 되어야 한다.

3) 기타 용품, 반드시 다 갖춰야 할까?

결론부터 말씀드리면, **'그럴 필요는 없다'**. 파크골프의 장점 중 하나는 장비가 매우 간단하다는 점이다. 기본적으로 클럽, 공, 티 세 가지만 있으면 언제든 경기를 즐길 수 있다. 다른 용품들은 필수가 아닌, 플레이의 편의와 쾌적함을 더해주는 '선택 사항'에 가깝다.

파크골프 용품: '필수'와 '권장'으로 구분하기

용품	필수여부	설명 및 선택 Tip
파크골프 공	필수	• 규격: 지름 60mm, 무게 80~95g • 선택 Tip: 눈에 잘 띄는 밝고 화려한 색상의 공을 선택하면. 잔디 위에서 공을 찾기 쉽고, 분실 위험을 크게 줄여준다.
티	필수	• 규격: 높이 2.3cm 이하 • 용도: 각 홀의 첫 번째 티샷에서만 사용한다.
볼마커	권장	• 용도: 다른 사람의 플레이에 방해가 되지 않도록 공의 위치를 표시할 때 사용한다. • 대체품: 전용 마커가 없다면 동전을 사용해도 무방하다.

장갑	권장	• 용도: 땀으로 인한 미끄러짐을 방지하고, 그립을 더 안정적으로 잡을 수 있도록 도와준다. • 선택 Tip: 손에 땀이 많거나, 조금 더 견고한 그립감을 원할 때 착용하면 좋지만 필수는 아니다.
용품 파우치 /가방	권장	• 용도: 여분의 공, 티, 볼 마커, 개인 소지품 등을 편리하게 보관할 수 있다. • 선택 Tip: 허리에 차거나 가볍게 들 수 있는 작은 파우치 하나면 충분하다.
운동화	권장	• 용도: 잔디 보호를 위해 밑창이 평평한 운동화 착용을 권장한다. • 주의: 일반 골프화처럼 스파이크(징)가 있는 신발은 금지인 곳이 많다.

현명한 소비를 위한 조언

파크골프는 최소한의 장비로 누구나 쉽게 즐길 수 있다는 장점이 있는 스포츠다. 시작 단계부터 불필요한 액세서리에 많은 비용을 투자하기보다는, 나에게 잘 맞는 클럽과 눈에 잘 띄는 공처럼 꼭 필요한 '필수 장비'를 좋은 품질로 갖추는 것이 훨씬 현명한 선택이다.

2. 초보자가 자주하는 질문 (FAQ)

파크골프를 처음 접하면 누구나 비슷한 궁금증이 생긴다. "장비는 뭘 사야 할까?" "레슨을 꼭 받아야 하나?" "비용은 얼마나 들까?" 이 장에서는 입문자가 가장 많이 묻는 질문을 정리해, 하나하나 명쾌하게 답한다.

1) 파크골프, 시작하려면 레슨은 얼마나 받아야 할까?

파크골프는 진입 장벽이 낮아 기본기를 배우는 데 오래 걸리지 않는다. 초보자에게는 완벽한 기술보다 안전 수칙과 기본 자세를 익히는 것이 우선이다.

초기에는 2~3회 기본 레슨이면 충분한 경우가 많다.

- **올바른 그립**: 클럽을 잡는 방법
- **기본 자세**: 스윙 시 몸의 균형 유지
- **안전 수칙**: 동반자와의 안전거리 확보
- **기본 규칙과 에티켓**: 원활한 경기를 위한 약속

레슨의 목적은 완벽한 기술 습득이 아니라 안전하게 시작하고, 코스에 나설 자신감을 얻는 것이다. 첫 라운딩에서는 공을 멀리 보내려는 부담보다, 편안하게 걸으며 코스 자체와 친해지는 것이 중요하다.

실전 경험 기본기를 익힌 후에는 실제 라운딩 경험이 최고의 스승이 된다.

- 매번 달라지는 잔디와 날씨를 느끼며 배우게 된다.
- 공의 굴러가는 방향을 읽는 눈이 자연스럽게 생긴다.
- 몇 번의 플레이만으로도 자신만의 스윙 리듬이 잡힌다.

2) 파크골프, 시작하려면 무엇이 필요할까?

파크골프의 매력은 준비물이 단출하다는 점이다.

구분	필수 준비물	권장 사항
장비	클럽 1자루 공 티	볼 마커 (동전으로 대체 가능) 장갑 (미끄럼 방지)
복장	활동하기 편한 옷 미끄럽지 않은 운동화	계절별 기능성 의류, 모자, 선글라스 등

초보자를 위한 시작 팁: '선(先)체험, 후(後)구매'

처음부터 모든 장비를 구입할 필요는 없다. 대부분의 파크골프장에서 장비 대여 서비스가 가능하므로, 대여로 시작해 본인에게 맞는 무게와 그립감을 찾은 뒤 구입하는 것이 합리적이다.

- 대여로 시작하기: 초기 비용 부담 없이 파크골프가 자신에게 맞는지 확인한다.
- 다양하게 경험하기: 여러 무게와 그립의 대여 클럽을 사용해 보며 내 손에 맞는 느낌을 찾는다.
- 합리적으로 구매하기: 충분한 경험 후, 자신에게 가장 잘 맞는 클럽을 신중하게 구입한다.

3) 파크골프, 어린아이도 할 수 있을까?

가능하다. 파크골프는 규칙이 단순하고 코스가 짧아 아이들도 쉽게 배울 수 있다. 다만 안전을 위해 보호자 동반과 지도가 필요하다. 일반적으로 힘과 균형이 어느 정도 잡히는 초등 고학년이면 무리없이 즐길 수 있다.

(1) 아이들에게 좋은 이유

- **쉬운 규칙:** 하나의 클럽만 사용해 부담이 적다.
- **가족 친화적 환경:** 공원이나 강변에 있어 산책하듯 즐길 수 있다.
- **다양한 교육 효과:**

- 차례 지키기, 동반자 배려 등 **에티켓** 습득
- 공의 라인을 읽으며 **집중력** 향상
- 가족과 함께하며 **세대 간 교감** 형성

(2) 안전을 위한 필수 조건

- **보호자 동반:** 아이들에게 클럽은 무거울 수 있으므로, 안전거리 확보 등 보호자의 지도가 필요하다.
- **적정 연령:** 힘과 균형이 잡히기 시작하는 **초등학교 고학년** 정도면 무리 없이 즐길 수 있다.

4) 파크골프, 가족끼리 운동할 수 있을까?

가능하다. 파크골프는 '3대가 함께 즐기는 스포츠'라 불릴 만큼 최고의 가족 스포츠로 적합하다. 함께 걷고 대화하며 응원하는 과정 자체가 큰 장점이다.

가족 스포츠로서의 장점

- **낮은 진입 장벽:** 규칙이 단순하고 코스가 짧아 나이와 체력에 상관없이 누구나 함께할 수 있다.
- **공평한 출발선:** 체력 차이가 경기에 큰 영향을 주지 않아 조부모, 부모, 손주가 동등하게 즐긴다.
- **소통의 장:** 코스를 함께 걸으며 대화하고 서로를 응원하며 자연스러운 교감이 이루어진다.
- **가족 모두의 건강:** 어른에게는 꾸준한 유산소 운동, 아이들에게는 체력과 집중력 향상의 기회가 된다.

파크골프는 단순한 운동을 넘어, 함께 추억을 쌓고 세대 간의 대화를 나누며 가족을 연결하는 소중한 다리 역할을 한다.

5) 파크골프, 동호회는 어떻게 가입해서 활동할 수 있을까?

혼자 즐겨도 좋지만, 함께하면 파크골프의 즐거움은 배가 된다. 동호회는 실력 향상과 즐거운 교류를 위한 최고의 선택이다.

(1) 가입 방법

- **오프라인**: 자주 가는 파크골프장 관리 사무소에 문의하는 것이 가장 빠르다.
- **온라인**: 대한파크골프협회 및 지역 협회 홈페이지, 네이버 카페/밴드 등 SNS 검색을 통해 찾을 수 있다.

(2) 동호회 활동의 장점

- **동기 부여**: 정기적인 라운딩으로 꾸준히 운동하게 된다.
- **실력 향상**: 경험 많은 선배들로부터 스윙, 코스 공략법 등 실질적인 조언을 얻을 수 있다 (레슨 효과).
- **사회적 교류**: 다양한 연령과 배경의 사람들과 만나 새로운 인간관계를 형성하고 삶의 활력을 얻을 수 있다.
- **다양한 활동**: 친선 경기, 대회 공동 출전, 여행 라운딩 등 즐길 거리가 풍부하다.

6) 파크골프, 4계절 내내 가능할까?

가능하다. 이론적으로는 사계절 모두 가능하지만, 계절별 특징에 따른 준비가 필요하다.

계절	특징 및 플레이 환경	준비 및 주의 사항
봄 / 가을	황금기 (최적의 시즌) • 선선한 날씨로 체력 소모가 적음 • 잔디 상태가 좋아 공이 잘 구름 • 쾌적하게 즐길 수 있음	• 충분한 준비운동, 물병 준비 • 무리하지 않기
여름	체력 관리 필수 • 무더위로 쉽게 지칠 수 있음	• 모자, 선크림, 물병 필수 • 이른 오전이나 해질 무렵 플레이 권장
겨울	구장 운영 확인 필수 • 눈, 혹한 시 휴장하는 곳이 많음	• 방한용품 준비 • 그립감 좋은 스포츠용 장갑 착용
비 오는 날	안전이 최우선 • 잔디가 미끄러워 부상 위험 • 폭우 시 대부분 휴장	• 가벼운 비에는 우의, 방수 장비 필요 • 초보자에게는 권장하지 않음

7) 파크골프, 골프와 무엇이 다를까?

클럽으로 공을 쳐 홀에 넣는다는 점은 같지만, 실제로는 전혀 다른 매력을 가진 스포츠다.

구분	일반 골프	파크골프
장비	최대 14개의 다양한 클럽 사용	단 1개의 클럽만 사용
코스 규모	18홀 기준 약 6~7km, 4시간 이상 소요	18홀 기준 약 1~1.5km, 1~2시간 내외 소요
핵심 전략	상황에 맞는 클럽 선택, 복합적 전략	정교한 힘 조절과 라인 읽기에 집중
접근성/비용	비용 부담이 크고 사전 예약이 필수적	저렴하거나 무료, 예약 없이 이용 가능한 곳 다수
지향점	전략과 도전의 스포츠	생활 속에서 누구나 즐기는 스포츠

8) 파크골프, 시작하려면 비용이 얼마나 들까?

파크골프의 최대 장점은 '최소 비용으로 최대 효과'를 누릴 수 있다는 점이다.

항목	비용 수준	설명
구장 이용료	무료~5,000원 내외	• 대부분의 공공 구장은 무료 또는 매우 저렴 • 민간 구장도 일반 골프에 비해 훨씬 합리적
장비 대여료	1,000원~5,000원	• 대부분 구장에서 클럽, 공 대여 가능 • 초보자는 대여로 시작하는 것이 경제적
장비 구매비	입문용 30~50만 원대	• 30~50만 원대 클럽으로 충분히 즐길 수 있음 • 공, 티 등 소모품 비용은 저렴
기타 비용	거의 없음	• 캐디, 카트 비용이 없음 • 복장은 평상복으로 가능하여 추가 지출이 적음

9) 파크골프, 혼자서도 운동이 가능할까?

가능하다. 하지만 몇 가지 알아둘 점이 있다.

(1) 혼자 할 때의 장점

- **충분한 운동 효과:** 걷기와 스윙만으로도 훌륭한 전신 운동이 된다.
- **집중 연습 가능:** 타인 눈치 보지 않고 자신만의 리듬으로 샷과 퍼팅을 연습할 수 있다.
- **자유로운 시간 활용:** 원하는 시간에 조용히 라운딩을 즐길 수 있다.

(2) 확인 및 주의 사항

- **구장 규정 확인:** 안전과 경기 흐름을 위해 **'2인 이상 플레이'를 원칙**으로 하는 구장이 많다. 방문 전 관리사무소에 반드시 문의해야 한다.
- **안전 주의:** 동반자가 없는 경우, 위급 상황 대처가 어려울 수 있으니 항상 주변을 살피고 안전에 유의해야 한다.
- **매너 준수:** 혼자 플레이하더라도 앞 팀과의 간격을 유지하고, 뒤 팀의 플레이에 방해가 되지 않도록 속도를 조절해야 한다.

10) 파크골프, 대회는 어떻게 참가할 수 있을까?

대회 참가는 실력 향상과 즐거운 교류를 위한 좋은 기회이며, 생각보다 문턱이 낮다.

대회 종류	주최	특징 및 참가 방법
친선 경기 / 생활체육 대회	지역 동호회, 생활체육회	• 접근성 높고, 부담 없이 참가 가능 • 구장 게시판이나 동호회 공지를 통해 신청
공식 협회 주관 대회	대한파크골프협회, 지역 협회	• 전국/지역 단위의 공식 대회 • 협회 홈페이지를 통해 공지, 사전 신청 필수 • 협회 가입이 필요할 수 있음

참가 절차 및 준비물

- **신청**: 구장/협회 홈페이지, 동호회를 통해 공지를 확인하고 온라인/현장 접수
- **참가비**: 보통 1~3만 원 선
- **준비물**: 개인 장비(클럽, 공, 장갑), 간단한 간식, 물

대회 참가의 진짜 의미는 우승이나 성적보다는 다양한 경험과 새로운 사람들과의 교류에 더 큰 가치가 있다. 경기를 통해 규칙을 정확히 배우고, 긴장 속에서 집중하는 경험은 파크골프 생활을 더욱 풍요롭게 만든다.

11) 파크골프, 전문 자격증은 어떻게 취득할 수 있을까?

취미를 넘어 전문성을 갖추고 싶다면 지도자나 심판 자격증에 도전할 수 있다.

자격증 종류	기관	취득 과정	가치 및 활용
생활스포츠지도사 자격증(2급)	국민체육진흥공단	1단계: 필기시험 2단계: 실기/구술시험	국가자격증 전문성 증명 강사 활동 기회
1급/2급 지도자	대한파크골프협회	대한파크골프협회 주관하는 교육 연수 이수 후 필기/실기 시험 통과	전문성 증명 강사 활동 기회
심판 자격증		지역 동호회/지자체 프로그램 강사 대회 심판 참여	

자격증은 파크골프에 대한 깊은 이해를 바탕으로 다른 사람에게 즐거움을 전파하고, 스포츠 발전에 기여할 수 있는 길을 열어준다. 취미를 전문성으로 확장하는 의미 있는 징검다리가 될 수 있다.

12) 파크골프, 해외 투어가 가능할까?

가능하다. 일반골프 투어처럼 많지는 않지만, 다양한 형태로 해외 코스를 경험할 수 있다.

해외 투어의 형태

- **동호회/협회 교류전**: 파크골프의 본고장인 **일본 홋카이도** 등지로 원정 투어를 떠나 현지 동호인과 친선 경기를 갖는 형태가 가장 활발하다.
- **국제대회 참가**: 아시아 단위의 대회에 참가하며 현지 코스를 경험할 수 있다.
- **여행 결합 패키지**: 일부 여행사에서 '파크골프 여행'이라는 테마로 관광과 라운딩을 결합한 상품을 판매하기도 한다.

파크골프는 장비가 단출하고 비용 부담이 적어, 누구나 부담 없이 국경을 넘어 새로운 코스와 문화를 경험할 수 있다는 매력이 있다.

13) 파크골프, 어떤 골프장이 좋을까?

좋은 파크골프장은 단순히 가까운 곳이 아니라, 시설, 환경, 문화가 조화를 이루는 곳이다.

(1) 좋은 구장의 조건

- **코스 다양성**: 파3, 4, 5가 적절히 배치되고, 굴곡이나 장애물이 있어 전략적인 재미를 느낄 수 있는 곳
- **관리 상태**: 잔디가 고르게 관리되어 공의 움직임을 예측하기 좋고, 시설이 청결한 곳
- **편의 시설**: 주차장, 화장실, 그늘 쉼터 등이 잘 갖춰진 곳
- **따뜻한 분위기**: 이용자들이 서로 에티켓을 존중하고, 초보자를 배려하는 문화가 형성된 곳

(2) 초보자에게 추천하는 구장

- 코스 길이가 너무 길거나 난도가 높지 않은 곳 (9홀 또는 18홀의 아담한 구장)

• 안내 표지판과 안전 관리가 잘 되어 있는 곳

14) 파크골프, 경기장 정보는 어디서 확인할 수 있을까?

다양한 온라인/오프라인 채널을 균형 있게 활용하는 것이 좋다.

정보 채널	확인할 수 있는 내용	장점 및 특징
지자체(시/군/구청) 홈페이지	위치, 운영 시간, 요금, 예약 방법 등	공공 구장에 대한 가장 정확하고 공식적인 정보
대한파크골프협회 홈페이지	전국 공인 구장 목록, 코스 특성, 대회 이력	공신력 있는 정보, 대회 등 전문 정보 포함
온라인 지도 (네이버/카카오맵)	위치, 사진, 방문자 실시간 후기	실제 이용자들의 생생한 평가 확인 가능
동호회/커뮤니티 (카페, 밴드)	구장 추천, 초보자 팁, 동반 라운딩 기회	정보 교류 및 인적 네트워크 형성 가능
직접 방문 및 체험	구장 분위기, 실제 잔디 상태, 접근성	가장 확실하며, 자신에게 맞는 구장인지 최종 확인

* 지자체·협회 홈페이지, 온라인 지도·커뮤니티, 그리고 직접 체험을 통해 경기장 정보를 종합적으로 얻는 것이 가장 확실하다.

15) 파크골프, 사전 예약이 필요할까?

구장의 성격에 따라 다르다. 일반 골프처럼 항상 예약이 필수인 것은 아니다.

구장 종류	예약 정책	특징
대부분의 공공 구장	예약 불필요 (선착순 입장)	• 아침 일찍 방문하여 순서대로 입장 • 누구나 자유롭게 이용 가능 • 지역 동호회 회원 가입 후 이용 가능 * 반드시 사전에 확인할 것
일부 민간/ 사설 구장	예약제 운영 또는 병행	• 주말이나 성수기 혼잡을 막기 위해 예약 필요 • 예약 시 대기 없이 이용 가능해 편리할 수 있음

부록 1. 파크골프의 경기 규칙

[출처: (사)대한파크골프협회 2024.2.5. 개정]

제1부 파크골프의 정신과 에티켓

파크골프는 심판이 없는 스포츠다. 따라서 경기자의 양심과 동반자에 대한 배려가 곧 법이며, 이것이 파크골프를 지탱하는 기본 정신이다.

1. 안전 관리와 사고 예방 (Safety First)

파크골프장은 딱딱한 공과 클럽을 사용하는 공간이기에 안전사고는 언제든 발생할 수 있다. 경기자는 타격 전 반드시 안전을 확보해야 한다.

스윙 반경 확인: 스윙을 하기 전, 전후좌우에 동반자나 갤러리가 없는지 눈으로 직접 확인해야 한다.

이동 원칙: 동반자 전원의 샷이 끝나기 전에는 절대로 홀 컵 방향으로 먼저 걸어 나가지 않아야 한다. 이는 타구 사고의 주된 원인이다.

위험 신호: 의도치 않게 공이 사람 쪽으로 날아가거나 인접한 홀로 넘어갔을 경우, 즉시 큰 목소리로 "볼!", "위험해!"라고 외쳐 상대방이 방어할 수 있도록 해야 한다.

타 홀 진입: 공이 옆 홀로 넘어갔을 때는 무턱대고 들어가지 말고, 해당 홀의 경기자들에게 양해를 구하고 안전할 때 진입하여 공을 회수하거나 샷을 해야 한다.

2. 경기 흐름과 배려 쾌적한 라운드를 위해 서로 지켜야 할 예절이다.

정숙 유지: 동반자가 어드레스(샷 준비)에 들어가면 잡담을 멈추고 움직임을 멈춰야 한다. 휴대폰 소음이나 불필요한 소리는 집중력을 방해한다.

그린 예절: 그린은 잔디가 예민한 곳이다. 동반자의 퍼팅 라인(공과 홀 컵 사이의 길)을 밟지 않도록 크게 우회해야 하며, 태양의 위치를 고려하여 자신의 그림자가 동반자의 공이나 홀 컵을 가리지 않도록 서야 한다.

빠른 경기 진행: 앞 조와의 간격이 벌어지지 않도록 샷 후에는 신속하게 이동한

다. 자기 순서가 오기 전에 미리 클럽을 선택하고 장갑을 끼는 '준비된 플레이(Ready Golf)'가 권장된다.

3. 코스 보존의 의무

복장과 신발: 잔디 보호를 위해 밑창이 평평한 파크골프 전용화나 운동화를 착용한다. 등산화나 구두는 잔디 뿌리를 상하게 하므로 금지된다.

원상 복구: 샷 실수로 잔디를 파내었을 때는 즉시 흙을 덮고 발로 밟아 평평하게 복구해야 한다. 벙커 샷 후에도 모래를 평평하게 정리하는 것이 뒷사람에 대한 예의다.

제2부 경기 규칙 상세 해설

파크골프의 모든 벌타는 기본적으로 **2벌타**다. 이는 일반 골프와 다른 점으로, 규칙 위반 시 점수에 큰 영향을 미치므로 정확한 숙지가 필요하다.

1. **티잉 그라운드:** 매 홀의 시작인 티샷은 반드시 정해진 구역 내에서 티 위에 공을 올리고 해야 한다.

발의 위치: 양발이 티잉 구역 내에 있어야 하며, 선을 밟거나 밖으로 나가서 스윙하면 위반이다.

방향 지시: 공 앞에 나뭇잎이나 티 등을 놓아 목표 방향을 표시하는 행위는 금지다.

헛스윙과 실수: 스윙 의도를 가지고 휘둘렀으나 공을 맞히지 못한(헛스윙) 경우 타수로 인정하지 않으나 매너 위반으로 간주된다. 실수로 건드려 티에서 공이 떨어진 경우 벌타 없이 다시 올려놓고 친다.

[실전 사례 연구]

(2벌타) 티를 꽂기 귀찮아서 잔디 위에 공을 놓고 티샷을 한 경우.

(2벌타) 더 멀리 보내기 위해 발 한쪽을 티잉 라인 밖으로 내밀고 샷을 한 경우.

(2벌타) OB가 나서 다시 티샷을 해야 하는데, 티샷은 한 번만 가능하므로 특설 티(OB 티)나 나간 지점에서 처치해야 함에도 다시 티 위에서 샷을 한 경우.

(무벌타) 어드레스 중에 클럽 헤드가 공을 살짝 건드려 공이 툭 떨어진 경우 (다시 올려놓고 침).

2. 있는 그대로의 플레이 공은 놓여 있는 상태 그대로 쳐야 한다. 공 주변 환경을 자신에게 유리하게 조작해서는 안 된다.

라인 개선 금지: 공 주변의 풀을 발로 밟아 눕히거나, 스윙에 방해되는 나뭇가지를 꺾거나, 움직일 수 없는 장애물(고정물)을 이동시키는 행위는 모두 2벌타다.

벙커: 벙커에서는 샷을 하기 전 클럽이 모래에 닿아서는 안 되며(모래 테스트 금지), 발로 모래를 다져서 스탠스를 좋게 만드는 행위 또한 금지다.

[실전 사례 연구]

(2벌타) 공 뒤에 긴 풀이 있어 채가 잘 안 빠질 것 같아 발로 꾹꾹 밟아 공간을 만든 경우.

(2벌타) 백스윙 때 나뭇가지가 걸리자 손으로 가지를 꺾어버린 경우.

(2벌타) 안전망 근처에 공이 멈췄는데, 치기 불편하다며 안전망을 걷어 올리거나 젖히고 샷을 한 경우.

(무벌타) 백스윙을 하다가 실수로 나뭇잎을 건드려 떨어진 경우 (의도적이지 않은 자연스러운 과정).

3. 스트로크 규정: 공은 반드시 클럽 헤드의 타격면으로 '쳐서' 보내야 한다.

부정 타격: 공을 퍼 올리거나, 밀어내거나, 끌어당기는 행위는 금지다.

이중 타격: 한 번의 스윙 동작 중에 클럽에 공이 두 번 이상 맞는 경우도 2벌타가 부과된다.

움직이는 공: 아직 멈추지 않고 굴러가는 공을 치는 것은 심각한 규칙 위반이다.

[실전 사례 연구]

(2벌타) 나무 밑 좁은 공간에서 클럽 헤드 뒷면이나 샤프트(자루) 부분으로 공을 쳐낸 경우.

(2벌타) 벙커 턱이 높아 공을 띄우기 위해 숟가락으로 퍼내듯 샷을 한 경우.

(2벌타) 퍼팅한 공이 홀 컵을 지나치려 하자, 반사적으로 클럽을 갖다 대어 멈춘 경우.

(2벌타) 샷을 했는데 공이 자신의 발이나 몸에 맞은 경우.

4. 그린 플레이와 깃대

깃대 유지: 파크골프에서는 깃대를 절대 뽑지 않는다. 공이 깃대에 맞고 튕겨 나와도 그대로 경기를 진행한다.

마크와 컵 인: 공 이 홀 컵 주변 약 2클럽(성인 양팔 간격 정도) 이내에 붙으면, 동반자에게 양해를 구하고 먼저 컵 인(홀 아웃)하거나 마크를 해야 한다.

충돌 방지: 그린 위에서 내가 친 공이 동반자의 공을 맞히면, 친 사람은 2벌타를 받고 맞은 공은 원래 자리로 돌려놓는다.

[실전 사례 연구]

(2벌타) 깃대를 뽑고 퍼팅한 경우.

(2벌타) 동반자의 공이 홀 컵 바로 앞에 있는데, 마크를 요구하지 않고 그냥 쳐서 내 공으로 상대 공을 맞힌 경우.

(2벌타) 마커를 놓지 않고 공을 먼저 집어 올린 경우.

(실격/최대 타수) 컵 인을 시키지 않고(공을 집어 들거나 컨시드를 받고) 다음 홀로 이동한 경우 (대회 규정에 따라 실격 또는 더블파 처리).

5. 분실구와 OB (Out of Bounds)

OB 판정: 공이 흰색 말뚝이나 라인을 완전히 벗어난 경우다. 라인에 걸쳐 있으면 세이프(In play)이다.

OB 처치: 공이 나간 지점에서 홀 컵과 가깝지 않은 방향으로 2클럽 이내에 놓고 치며 2벌타를 가산한다.

분실구(Lost Ball): 3분 동안 공을 찾지 못하면 분실구로 처리된다. 공이 있을 것으로 추정되는 지점에서 2벌타를 받고 새 공으로 경기한다.

[실전 사례 연구]

(2벌타) OB 라인을 넘었는지 애매한 상황에서 동반자 확인 없이 스스로 "세이

프"라고 판단하고 샷을 했는데 나중에 보니 OB였던 경우.

(2벌타) OB가 나서 공을 놓을 때, 홀 컵과 가까운 쪽(유리한 쪽)에 공을 놓고 친 경우.

(2벌타) 도그레그(굽은) 홀에서 안전을 위해 질러가지 못하도록 막아둔 적색 말뚝을 넘겨서 친 경우.

(2벌타) 풀숲에서 공을 못 찾아 새 공을 꺼내 쳤는데, 치고 나니 원래 공을 발견한 경우 (이미 새 공이 인플레이 볼이 됨).

6. 구제와 언플레이어블

움직일 수 있는 장애물: 돌, 낙엽, 비닐, 벙커 고무래 등은 벌타 없이 치우고 칠 수 있다. 치우다가 공이 움직여도 벌타 없이 제자리에 놓는다.

비정상적인 코스 상태: 수리지(보수 중인 구역), 캐주얼 워터(일시적 물웅덩이), 배수구 등에 공이 들어가면 벌타 없이 구제받는다. 가장 가까운 구제 지점에서 홀 컵에 가깝지 않게 2클럽 이내에 공을 놓는다.

언플레이어블(Unplayable): 나무뿌리 사이, 덤불 속 등 샷이 불가능하다고 판단되면 스스로 선언하고 2벌타를 받은 뒤, 샷이 가능한 인근 지역(2클럽 이내)으로 나와서 친다.

[실전 사례 연구]

(무벌타) 페어웨이에 떨어진 비닐봉지 위에 공이 멈춰, 공을 집어 들고 비닐을 치운 뒤 다시 놓고 친 경우.

(무벌타) 비 온 뒤 생긴 물웅덩이(캐주얼 워터)에 공이 잠겨, 물이 없는 가장 가까운 옆 잔디로 공을 옮기고 친 경우.

(언플레이어블 선언 + 2벌타) 공이 나무뿌리에 박혀 칠 수 없어, 2타를 먹고 옆으로 빼내어 친 경우.

(2벌타) 배수구 뚜껑 위에 공이 있어 무벌타 구제가 가능한데, 이를 모르고 그냥 뚜껑 위에서 샷을 한 경우 (있는 그대로 쳤으나 클럽 손상 위험 등이 있어 권장되지 않음, 규칙 위반은 아님. 단, 로컬룰로 금지 시 벌타).

제3부 상황별 경기 규칙 및 조치 기준

구분	구체적 상황 및 행동	판정/조치
경기 전	경기 당일, 시작 전에 코스 내에서 미리 연습 스트로크를 함	실격
	경기 진행 중 동반자에게 기술적 조언을 함	에티켓 위반
	경기 시작 시간 이후에 도착함	실격
샷 동작	공을 치려고 휘둘렀으나 공에 맞지 않음 (헛스윙)	타수 미포함
	클럽 헤드가 아닌 샤프트(자루)나 그립 끝으로 공을 침	2벌타
	백스윙 없이 공을 밀어내거나, 퍼 올리거나, 당겨서 침	2벌타
	한 번의 스윙 과정에서 클럽에 공이 2회 이상 닿음 (투 터치)	2벌타
티잉 구역	발이 티잉 구역 라인 밖으로 일부분이라도 나간 상태로 티샷	2벌타
	연습 스윙을 하다가 헤드에 공이 맞아 티에서 떨어짐	1타 가산
	정해진 티잉 구역이 아닌 곳에 공을 놓고 티샷	2벌타
	티샷 시 빗맞거나 바람의 영향으로 공이 티에서 떨어짐	1타 가산
	티(Tee) 위에 공을 올리지 않고 잔디 위에 놓고 티샷	2벌타
	목표 방향을 표시하기 위해 공 앞에 물체(표시물)를 놓음	2벌타
	티샷 한 공이 멀리 못 가고 티잉 구역 바로 뒤(후면)에 멈춤	2벌타
	티샷 전에 연습 스윙을 2회 이상 과도하게 함	매너 위반
정지된 공	공 주변의 잔디, 모래 등을 발이나 클럽으로 눌러 라이를 개선함	2벌타
	공 주변의 '옮길 수 없는 장애물(고정물)'을 이동시킴	2벌타
	스윙에 방해된다고 나뭇가지를 꺾거나 발로 걷어 올림	2벌타
	고정 장애물로 샷이 불가능한데 언플레이어블 선언 없이 샷을 강행함	2벌타
	나무 밑동에 있는 공을 백스윙 없이 클럽으로 끌어당겨 침	2벌타
	긴 풀 속의 공을 확인한다며 건드려서 움직이게 함	2벌타
	공에 접근하면서 고의로 공을 건드려 움직임	2벌타
	공을 찾거나 접근하다가 실수로(무심결에) 밟음	무벌타
	목표 방향에 표시물을 놓거나, 어드레스 시 클럽으로 지면을 누름	2벌타

움직이는 공	내 공이 움직이는 중에 다음 선수가 샷을 하여 두 공이 충돌함	2벌타 (뒷사람)
	샷을 한 공이 나무 등을 맞고 튕겨 나와 내 몸에 맞음	2벌타
	백스윙 도중에 바람 등으로 공이 움직여 스윙을 멈춤 (타격 안 함)	무벌타
	경사면에서 굴러 내려가는 내 공을 클럽이나 발로 막음	2벌타
	굴러가던 내 공이 동반자의 클럽이나 발 등에 의해 멈춤	무벌타
	굴러가던 내 공을 동반자가 '고의로' 막아서 멈춤	2벌타 (동반자)
	충돌로 위치가 바뀐 내 공을 원위치하지 않고 그냥 침	2벌타
공 교체	1개 코스(9홀) 경기 중에 내 마음대로 공을 바꿈	2벌타
	세컨드 샷부터 남의 공을 내 공인 줄 알고 침 (오구 플레이)	2벌타
뒤바뀐 공	1번 홀 티샷 준비 중 거치대에서 남의 공으로 잘못 티샷 함	무벌타
공 손상	공에 금이 가거나 깨져서 동반자 확인 후 교체함	무벌타
	샷을 했는데 공이 두 조각으로 분리됨	무벌타 (재경기)
마크	마크 요구가 없는데 이물질 제거 목적으로 임의로 공을 집음	2벌타
	마커를 놓기 전에 공을 먼저 집어 올림	2벌타
	공을 다시 놓을 때, 마커를 먼저 집고 나서 공을 놓음	2벌타
	마커를 공 뒤가 아닌 앞이나 옆에 놓음	2벌타
	장애물을 피한다고 마크 없이 임의로 공을 좌우로 옮김	2벌타
	마커를 이동했다가 원위치시키지 않고 이동된 자리에서 침	2벌타
	마크하는 과정에서 실수로 공을 건드림	무벌타
	티샷을 하기 전인 동반자에게 마크를 요구함	요구 불가
	홀컵에서 20m 이상 떨어진 공에 대해 마크를 요구함	요구 불가
	마크 요구를 받았는데도 거부하고 응하지 않음	매너 위반
장애물	공 주변의 낙엽, 돌, 비닐 등 '움직일 수 있는 장애물'을 치움	무벌타
	움직일 수 있는 장애물을 치우다가 실수로 공을 건드림	무벌타

<table>
<tr><td rowspan="8">장애물
(고정)</td><td>OB 말뚝이나 라인을 뽑거나 치우고 샷을 함</td><td>2벌타</td></tr>
<tr><td>나뭇가지에 걸린 상황에서 가지를 훼손하며 샷을 함</td><td>2벌타</td></tr>
<tr><td>어드레스 시 신체 일부로 안전망을 걷어 올림</td><td>2벌타</td></tr>
<tr><td>안전망 뒤에 있는 공을 치기 위해 망을 먼저 가격하며 침</td><td>2벌타</td></tr>
<tr><td>백스윙을 하다가 뒤에 있는 안전망이나 나무를 건드림</td><td>무벌타</td></tr>
<tr><td>깊은 러프에서 샷을 하기 위해 긴 풀을 정리함</td><td>2벌타</td></tr>
<tr><td>수리지, 물웅덩이, 배수구, 예비 홀컵 등에 공이 걸림</td><td>구제 가능</td></tr>
<tr><td>목표 방향(앞쪽)에 고정 장애물이 가리고 있어 시야를 방해함</td><td>구제 불가</td></tr>
<tr><td rowspan="5">OB
처치</td><td>OB 처치 시 규정(2클럽)보다 홀컵에 가깝거나 멀리 공을 놓음</td><td>2벌타</td></tr>
<tr><td>OB인지 확실하지 않은데 확인 없이 임의로 샷을 진행함</td><td>2벌타</td></tr>
<tr><td>OB 라인이 지면에서 떠 있어 밟고 샷을 함</td><td>무벌타</td></tr>
<tr><td>OB 난 공을 규정대로 처치하지 않고(그냥 치는 등) 진행함</td><td>2벌타</td></tr>
<tr><td>도그레그 홀에서 지름길 방지용 적색 말뚝 뒤쪽으로 넘겨 침</td><td>2벌타</td></tr>
<tr><td rowspan="3">언플레이
어블</td><td>칠 수 없는 상황이라 동반자에게 알리고 공을 집음 (선언)</td><td>2벌타</td></tr>
<tr><td>선언 후 공을 놓을 때 홀컵에 가깝게 놓거나 거리를 위반함</td><td>2벌타</td></tr>
<tr><td>2클럽 이내에 놓을 곳이 없어 직전 샷 위치로 돌아가서 침</td><td>추가 벌타
없음</td></tr>
<tr><td rowspan="3">분실구</td><td>경기 도중 공을 못 찾음 (3분 초과)</td><td>2벌타</td></tr>
<tr><td>OB 지역으로 나간 공을 못 찾음</td><td>2벌타</td></tr>
<tr><td>공 찾느라 지연되어 앞 조와 2개 홀 이상 간격이 벌어짐</td><td>2벌타</td></tr>
<tr><td rowspan="7">그린</td><td>퍼팅 라인을 좋게 하려고 잔디를 클럽으로 누르거나 고름</td><td>2벌타</td></tr>
<tr><td>홀컵에서 2클럽 이상 먼 거리인데 임의로 마크함</td><td>2벌타</td></tr>
<tr><td>홀컵에 가까이 붙은 공을 컵인 시키지 않고 집어 올림</td><td>2벌타</td></tr>
<tr><td>홀컵에 가까이 붙은 공을 한 손으로 대충 퍼팅함</td><td>매너 위반</td></tr>
<tr><td>깃대를 뽑고 퍼팅을 함</td><td>2벌타</td></tr>
<tr><td>컵인을 시키지 않고 다음 홀로 이동하여 티샷함</td><td>실격</td></tr>
<tr><td>공이 홀컵 끝에 걸쳤는데 떨어지길 기다리며 10초를 넘김</td><td>매너 위반</td></tr>
</table>

벙커	백스윙 없이 공을 밀어내거나 퍼 올림	2벌타
	공 주변 모래를 고르거나 눌러서 라이를 개선함	2벌타
캐주얼 워터	물웅덩이 구제 시 2클럽보다 멀리 혹은 홀컵 가깝게 놓음	2벌타
	벙커 내 물웅덩이 구제 시 벙커 밖으로 공을 꺼냄 (불가피 상황 제외)	2벌타
워터 해저드	물에 빠져 샷이 불가능해 공을 꺼냄 (언플레이어블 간주)	2벌타
워터 해저드	물에 떠서 흘러가는 공을 쳐 냄	2벌타
	처치 시 2클럽을 초과하거나 홀컵에 가깝게 놓음	2벌타
수리지/배수구	처치 시 2클럽을 초과하거나 홀컵에 가깝게 놓음	2벌타
잘못된 진입	순서를 착각해 다른 홀로 진입하여 1개 홀 경기를 마침	2벌타 (전원)
	다른 홀로 진입하여 2개 홀 이상 경기를 진행함	4벌타 (전원)
별도 표식	그린 주변 OB 처치 시 놓을 곳이 없을 때 별도 표식 사용	가능
	워터 해저드 처치 시 놓을 곳이 없을 때 별도 표식 사용	가능
기타	스코어카드에 실제 타수보다 적게 기록하여 제출함	실격 (해당자)
	규칙을 어기거나 벌타를 면제해 주기로 서로 합의함	실격 (전원)

부록 2. 전국 파크골프장 현황

(2026.1.19. 기준)

전국 424개 파크골프장 주소 및 시설 정보

1. 강원권

No	지역	파크골프장명	주소 (상세번지 제외)	홀수	규모
1	강원	양양남대천파크골프장	양양군 양양읍 송암리	45	대형
2	강원	녹송파크골프장	정선군 정선읍 봉양리	18	표준
3	강원	북평파크골프장	정선군 북평면 북평리	18	표준
4	강원	횡성파크골프장	횡성군 횡성읍 앞들동2로	18	표준
5	강원	둔내파크골프장	횡성군 둔내면 둔방내리	9	기본
6	강원	둔내우용파크골프장	횡성군 둔내면 우용리	9	기본
7	강원	청일파크골프장	횡성군 청일면 유평리	18	표준
8	강원	화천 생활체육공원	화천군 하남면 춘화로	18	표준
9	강원	화천 산천어(1구장)	화천군 하남면 춘화로	18	표준
10	강원	화천 산천어(2구장)	화천군 하남면 춘화로	18	표준
11	강원	강릉파크골프장	강릉시 입암동	18	표준
12	강원	주문진 신리파크골프장	강릉시 주문진읍 신리천	9	기본
13	강원	철원군파크골프장	철원군 갈말읍 군탄리	36	대형
14	강원	홍천강변파크골프장	홍천군 홍천읍 갈마곡리	18	표준
15	강원	영월파크골프장	영월군 영월읍 팔괴로	9	기본
16	강원	태백파크골프장	태백시 백두대간로 (스포츠파크)	18	표준

17	강원	평창 파크골프장	평창군 평창읍 제방길	18	표준
18	강원	대화 파크골프장	평창군 대화면 하원동길	18	표준
19	강원	용평 파크골프장	평창군 용평면 갈정지길	9	기본
20	강원	봉평 파크골프장	평창군 봉평면 기운동길	18	표준
21	강원	고성군파크골프장	고성군 토성면 도원리	18	표준
22	강원	한반도섬 파크골프장	양구군 양구읍 파라호로	27	대형
23	강원	속초시파크골프장	속초시 관광로 363번길	18	표준
24	강원	속초 경동대 파크골프장	속초시 도리원길	9	기본
25	강원	행구수변공원파크골프장	원주시 행구동	9	기본
26	강원	문막파크골프장	원주시 문막면 문막리	18	표준
27	강원	태장파크골프장	원주시 태장동 (둔치)	18	표준
28	강원	간현파크골프장	원주시 지정면 간현리	18	표준
29	강원	학성파크골프장	원주시 학성동	18	표준
30	강원	취병파크골프장	원주시 문막읍 취병리	18	표준
31	강원	삼척시미로파크골프장	삼척시 미로면 (강변 고수부지)	9	기본
32	강원	춘천 서면파크골프장	춘천시 서면 박서로	18	표준
33	강원	춘천 소양강파크골프장	춘천시 장학리	18	표준
34	강원	동해시파크골프장	동해시 동해대로 (망상컨벤션 옆)	27	대형
35	강원	동해무릉파크골프장	동해시 삼화동	27	대형
36	강원	인제군파크골프장	인제군 인제읍 살구미길	27	대형
37	강원	현리근린공원파크골프장	인제군 기린면 현리	9	기본

2. 수도권(경기/서울/인천)

No	지역	파크골프장명	주소 (상세번지 제외)	홀수	규모
1	경기	청심빌리지파크골프장	가평군 설악면 송산리	9	기본
2	경기	가평파크골프장	가평군 청평면 대성리	36	대형
3	경기	화정파크골프장	고양시 덕양구 은빛로	9	기본
4	경기	정발파크골프장	고양시 일산동구 마두동	9	기본
5	경기	중산파크골프장	고양시 일산동구 중산로	9	기본
6	경기	성저파크골프장	고양시 일산서구 대화동	18	표준
7	경기	광주시파크골프장	광주시 경안동 (청석공원)	18	표준
8	경기	구리시파크골프장	구리시 수택동 왕숙천	9	기본
9	경기	양촌파크골프장	김포시 양촌읍 학운리	9	기본
10	경기	남양주파크골프장	남양주시 다산동 (다산근린공원)	18	표준
11	경기	남양주장애인파크골프장	남양주시 별내동	9	기본
12	경기	동두천파크골프장	동두천시 동두천로	9	기본
13	경기	성남시파크골프장	성남시 분당구 수내동 (탄천변)	9	기본
14	경기	수원시파크골프장	수원시 권선구 서수원로	9	기본
15	경기	시흥파크골프장	시흥시 목감동	9	기본
16	경기	시흥시청파크골프장	시흥시 장현동 (시청 옆)	9	기본
17	경기	안산신길파크골프장	안산시 단원구 신길동	18	표준
18	경기	나리공원파크골프장	양주시 광사동	18	표준
19	경기	장애인파크골프장	남양주시 진건읍 송능2리	9	기본

20	경기	양평파크골프장	양평군 강상면 교평리	81	초대형
21	경기	양평장애인파크골프장	양평군 강상면 교평리	18	표준
22	경기	서종파크골프장	양평군 서종면 문호리	9	기본
23	경기	여주파크골프장	여주시 현암동	36	대형
24	경기	연천파크골프장	연천군 군남면 (군남대교 옆)	36	대형
25	경기	연천재인폭포오토캠핑장	연천군 연천읍 고문리	9	기본
26	경기	죽전파크골프장	용인시 수지구 죽전동	9	기본
27	경기	양지파인리조트	용인시 처인구 남평로	9	기본
28	경기	용인파크골프장	용인시 포곡읍 (에버랜드 옆)	9	기본
29	경기	의정부파크골프장	의정부시 장암동 (호장교 밑)	18	표준
30	경기	장호원파크골프장	이천시 장호원읍 오남리	18	표준
31	경기	운정호수공원파크골프장	파주시 소리천로	9	기본
32	경기	파주파크골프장	파주시 교하로	18	표준
33	경기	파주금강산랜드	파주시 월롱면 위전리	9	기본
34	경기	평택파크골프장	평택시 비전동	9	기본
35	경기	일동파크골프장	포천시 일동면 새낭로	18	표준
36	경기	하남시파크골프장	하남시 미사대로 (경정공원)	18	표준
37	경기	미사리파크골프장	하남시 미사동 (나무고아원)	9	기본
38	경기	동탄제2신도시	화성시 동탄면 방교동	18	표준
39	경기	이천시파크골프장	이천시 안흥동	18	표준
40	경기	동두천파크골프장	동두천시 송내동	18	표준

41	경기	하남시파크골프장	하남시 미사대로	36	대형
42	경기	포천시파크골프장	포천시 일동면 사직리	36	대형
43	경기	군포시파크골프장	군포시 (수변공원 내)	9	기본
44	경기	파주금강산랜드파크골프장	파주시 월롱면 위전리	9	기본
45	서울	월드컵공원 파크골프장	마포구 상암동	18	표준
46	서울	서남물재생센터	강서구 양천로	9	기본
47	서울	잠실운동장 파크골프장	송파구 올림픽로	9	기본
48	서울	안양천 파크골프장(양천)	양천구 목동	18	표준
49	서울	안양천 파크골프장(신도림)	구로구 신도림동	9	기본
50	서울	안양천 파크골프장(고척)	구로구 고척동	18	표준
51	서울	안양천 파크골프장(금천)	금천구 가산동	18	표준
52	서울	안양천 파크골프장(영등포)	영등포구 양화동	18	표준
53	서울	중랑천 파크골프장(노원)	노원구 월계동	9	기본
54	서울	중랑천 파크골프장(동대문)	동대문구 장안동	9	기본
55	서울	녹천교 파크골프장	도봉구 창동	6	기본
56	서울	중랑천 파크골프장(광진)	광진구 중곡동	9	기본
57	서울	중랑구립파크골프장	중랑구 묵동	9	기본
58	서울	다락원 파크골프장	도봉구 도봉동	9	기본
59	서울	탄천 파크골프장	강남구 세곡동	27	대형
60	서울	중랑물재생센터	성동구 자동차시장3길	9	기본
61	서울	살곶이공원 파크골프장	성동구 사근동	9	기본

62	서울	망원유수지 파크골프장	마포구 망원동	9	기본
63	서울	중랑천파크골프장(상계)	노원구 상계동	9	기본
64	서울	난지천공원 파크골프장	마포구 상암동	6	기본
65	서울	동작 파크골프장	동작구 동작동	9	기본
66	서울	안양천 파크골프장(목동)	양천구 목동	9	기본
67	서울	잠실파크골프장	송파구 잠실동 (잠실 유수지)	9	기본
68	서울	여의도한강공원	영등포구 여의도동	18	표준
69	서울	관악 파크골프장	관악구 신림동	9	기본
70	인천	장수파크골프장	남동구 만수동	18	표준
71	인천	영종파크골프장	중구 중산동	9	기본
72	인천	선학파크골프장	연수구 경원대로	9	기본
73	인천	공촌유수지파크골프장	서구 첨단서로	18	표준
74	인천	인천송도파크골프장	연수구 송도동 (달빛공원)	18	표준

3. 경상권 (경남/경북/대구/부산/울산)

No	지역	파크골프장명	주소 (상세번지 제외)	홀수	규모
1	경남	거창군 파크골프장	거창군 거창읍 심소정길	36	대형
2	경남	강변파크골프장	거창군 거창읍 대평리	9	기본
3	경남	거창파크골프장(제4구장)	거창군 거창읍 심소정길	9	기본
4	경남	가조파크골프장	거창군 가조면 일부리	9	기본
5	경남	조만강파크골프장	김해시 장유면 칠산로	18	표준
6	경남	조만강 장애인 파크골프장	김해시 장유면 칠산로	18	표준
7	경남	술뫼파크골프장	김해시 한림면 시산리	72	초대형
8	경남	밀양파크골프장	밀양시 삼문동	45	대형
9	경남	가곡파크골프장	밀양시 가곡동	18	표준
10	경남	삼량진파크골프장	밀양시 삼량진읍 송지리	9	기본
11	경남	무안파크골프장	밀양시 무안면 신법리	9	기본
12	경남	하남파크골프장	밀양시 하남읍 수산리	9	기본
13	경남	가산수변공원 파크골프장	양산시 동면 가산리	36	대형
14	경남	황산공원 파크골프장	양산시 물금읍 증산리	36	대형
15	경남	원동 가야진사 파크골프장	양산시 원동면 용당들길	9	기본
16	경남	웅상파크골프장	양산시 웅상읍 소주동	18	표준
17	경남	삼신교통부지 파크골프장	양산시 삼신교통부지	9	기본
18	경남	칠암파크골프장	진주시 칠암동 (남강둔치)	9	기본
19	경남	송백지구 파크골프장	진주시 금산면 송백리	36	대형

20	경남	진주종합경기장	진주시 동진로	9	기본
21	경남	정촌파크골프장	진주시 정촌면	9	기본
22	경남	하대지구 파크골프장	진주시 하대동	9	기본
23	경남	지수면 파크골프장	진주시 지수면	6	기본
24	경남	평거지구 파크골프장	진주시 평거동	18	표준
25	경남	동부5개면파크골프장	진주시 사봉면 사군로	18	표준
26	경남	대원레포츠공원	창원시 의창구 두대로	9	기본
27	경남	풍호공원 파크골프장	창원시 진해구 풍호동	9	기본
28	경남	광석골파크골프장	창원시 진해구 장천동	6	기본
29	경남	장천파크골프장	창원시 진해구 진해대로	18	표준
30	경남	대산파크골프장	창원시 의창구 대산면	90	초대형
31	경남	호계리 파크골프장	창원시 마산회원구 호계 본동로	18	표준
32	경남	북면 장애인 파크골프장	창원시 의창구 북면 외산리	18	표준
33	경남	용원동 파크골프장	창원시 용원동	18	표준
34	경남	가포체육공원 파크골프장	창원시 마산합포구 가포신항남로	9	기본
35	경남	마전비치파크골프장	창원시 마산합포구 해양관광로	18	표준
36	경남	하동군파크골프장	하동군 진교면 구 고속도로	36	대형
37	경남	고전파크골프장	하동군 고전면 전도리	18	표준
38	경남	횡천파크골프장	하동군 횡천면 횡천리	18	표준
39	경남	함안샛담파크골프장	함안군 함안면 샛담길	18	표준
40	경남	함안파크골프장	함안군 법수면 법정로	18	표준

41	경남	칠서강나루파크골프장	함안군 칠서면 이룡리	12	표준
42	경남	군북파크골프장	함안군 군북면 함안산단7길	36	대형
43	경남	함양파크골프장	함양군 함양읍 하림강변길	18	표준
44	경남	용주파크골프장	합천군 용주면 성산리	18	표준
45	경남	합천군파크골프장	합천군 합천읍 합천리	36	대형
46	경남	북부권파크골프장	합천군 야로면 월광리	18	표준
47	경남	동부권파크골프장	합천군 적중면 상부리	18	표준
48	경남	율곡파크골프장	합천군 율곡면 영전리	18	표준
49	경남	쌍백파크골프장	합천군 쌍백면 중앙로	9	기본
50	경남	봉산파크골프장	합천군 봉산면 서부로	9	기본
51	경남	유어파크골프장	창녕군 유어면 미구리	18	표준
52	경남	이방파크골프장	창녕군 이방면 장천리	15	표준
53	경남	도천파크골프장	창녕군 도천면 도천리	18	표준
54	경남	남해스포츠 파크골프장	남해군 서면 스포츠파크길	18	표준
55	경남	시천(덕산)파크골프장	산청군 시천면 사리	18	표준
56	경남	생비량파크골프장	산청군 생비량면 가계리	9	기본
57	경남	단성(묵곡) 파크골프장	산청군 단성면 성철로	18	표준
58	경남	신안파크골프장	산청군 신안면 중촌갈전로	18	표준
59	경남	산청(모고)파크골프장	산청군 산청읍 모고리	9	기본
60	경남	오부파크골프장	산청군 오부면 오잔리	9	기본
61	경남	송정파크골프장	산청군 생초면 어서리	9	기본

62	경남	차황파크골프장	산청군 차황면 친환경로	9	기본
63	경남	금서파크골프장	산청군 금서면 동의보감로	9	기본
64	경남	거제파크골프장	거제시 거제면 (스포츠파크)	27	대형
65	경남	마전비치파크골프장	창원시 마산합포구 해양관광로	18	표준
66	경남	우주항공파크골프장	사천시 정동면 예수리	9	기본
67	경북	경산파크골프장	경산시 강변동로	18	표준
68	경북	하양파크골프장	경산시 하양읍 동서리	18	표준
69	경북	알천파크골프장	경주시 구황동	18	표준
70	경북	경주파크골프장	경주시 석장동	18	표준
71	경북	건천파크골프장	경주시 건천읍 천포리	9	기본
72	경북	다산파크골프장	고령군 다산면 사문나루1길	27	대형
73	경북	대가야파크골프장	고령군 대가야읍 장기리	36	대형
74	경북	해평파크골프장	구미시 해평면 낙산리	18	표준
75	경북	고아파크골프장	구미시 고아읍 예강리	36	대형
76	경북	선산파크골프장	구미시 선산읍 원리	36	대형
77	경북	도개파크골프장	구미시 도개면 궁기리	36	대형
78	경북	어울림파크골프장	구미시 신평동 구미시산업로	18	표준
79	경북	양포파크구미교육원	구미시 거양길	18	표준
80	경북	구미파크골프장	구미시 낙동제방길	54	초대형
81	경북	동락파크골프장	구미시 진평동	36	대형
82	경북	김천파크골프장	김천시 지좌동	27	대형

83	경북	문경파크골프장	문경시 창리강길	45	대형
84	경북	봉화파크골프장	봉화군 봉화읍 내성리	18	표준
85	경북	상주파크골프장	상주시 병성천2길	36	대형
86	경북	선남면파크골프장	성주군 선남면 관화리	18	표준
87	경북	벽진면파크골프장	성주군 벽진면 (체육공원)	9	기본
88	경북	성주읍파크골프장	성주군 성주읍 경산리	9	기본
89	경북	병곡파크골프장	영덕군 병곡면 송천리	36	대형
90	경북	영해파크골프장	영덕군 영해면 영덕로	9	기본
91	경북	영덕파크골프장	영덕군 천전길	18	표준
92	경북	영양군 파크골프장	영양군 영양읍 삼지리	27	대형
93	경북	영주파크골프장(1구장)	영주시 가흥동	36	대형
94	경북	영주파크골프장(2구장)	영주시 가흥동	18	표준
95	경북	풍기파크골프장	영주시 풍기읍 창락리	18	표준
96	경북	오수파크골프장	영천시 오수5길	36	대형
97	경북	영천조교파크골프장	영천시 조교동	36	대형
98	경북	예천파크골프장	예천군 예천읍 왕신길	36	대형
99	경북	청도파크골프장	청도군 청도읍 사기점길	27	대형
100	경북	금천파크골프장	청도군 금천면 동곡리	18	표준
101	경북	각북파크골프장	청도군 각북면 낙산1길	18	표준
102	경북	매전파크골프장	청도군 매전면 온장길	18	표준
103	경북	청송파크골프장	청송군 청송읍 송생리	18	표준

104	경북	석적파크골프장	칠곡군 석적읍 남율리	36	대형
105	경북	덕산파크골프장	칠곡군 약목면 덕산리	9	기본
106	경북	왜관파크골프장	칠곡군 왜관읍 왜관리	18	표준
107	경북	북삼파크골프장	칠곡군 북삼읍 어로리	18	표준
108	경북	가산파크골프장	칠곡군 가산면 송학리	9	기본
109	경북	형산파크골프장	포항시 남구 해도동	36	대형
110	경북	형산장애인파크골프장	포항시 남구 형산강북로	18	표준
111	경북	지곡파크골프장	포항시 남구 효곡동	18	표준
112	경북	곡강천파크골프장	포항시 남구 효곡동	36	대형
113	경북	의성군파크골프장	의성군 비안면 동부리	36	대형
114	경북	점곡사촌문화골프장	의성군 점곡면 점곡길	9	기본
115	경북	사곡파크골프장	의성군 사곡면 의성사곡로	9	기본
116	경북	금성파크골프장	의성군 금성면 탑운길	9	기본
117	경북	비안파크골프장	의성군 비안면 이두리	18	표준
118	경북	서의성파크골프장	의성군 안계면 소보안계로	54	초대형
119	경북	다인문암파크골프장	의성군 다인면 삼분2길	18	표준
120	경북	단북파크골프장	의성군 단북면 단북다인로	9	기본
121	경북	강남파크골프장	안동시 정상동	36	대형
122	경북	계평파크골프장	안동시 계평리	27	대형
123	경북	금소파크골프장	안동시 임하면 금소리	18	표준
124	경북	용상파크골프장	안동시 용상동	9	기본

125	경북	철우파크골프장	안동시 운흥동	9	기본
126	경북	옥동파크골프장	안동시 옥동	18	표준
127	경북	왕피천파크골프장	울진군 근남면 수산리	36	대형
128	경북	남대천파크골프장	울진군 평해읍 평해리	9	기본
129	대구	고로파크골프장	군위군 삼국유사면 석산리	18	표준
130	대구	군위파크골프장	군위군 군위읍 내량길	36	대형
131	대구	효령파크골프장	군위군 효령면 장기리	9	기본
132	대구	소보파크골프장	군위군 봉황리	18	표준
133	대구	우보파크골프장	군위군 미성리	9	기본
134	대구	의흥파크골프장	군위군 의흥면 수서리	9	기본
135	대구	동구 봉무동 파크골프장	동구 봉무동	36	대형
136	대구	동구도평파크골프장	동구 도동	9	기본
137	대구	불로파크골프장	동구 불로동	27	대형
138	대구	비산파크골프장A-E	서구 비산동 (매천대교 밑)	18	표준
139	대구	비산파크골프장C-D	서구 비산동 (매천대교 밑)	18	표준
140	대구	남구파크골프장	남구 봉덕동	9	기본
141	대구	강변파크골프장	북구 서변동	45	대형
142	대구	무태파크골프장	북구 서변동	18	표준
143	대구	북구 검단파크골프장	북구 검단동	27	대형
144	대구	수성파크골프장	수성구 고모동	27	대형
145	대구	수성팔현파크골프장	수성구 고모동	27	대형

146	대구	수림지파크골프장	달서구 대천동	18	표준
147	대구	달서 강창파크골프장	달서구 파호동	27	대형
148	대구	다사파크골프장	달성군 다사읍 매곡리	36	대형
149	대구	진천파크골프장	달성군 화원읍 구라리	18	표준
150	대구	서재파크골프장	달성군 다사읍 다사로	18	표준
151	대구	구지평촌파크골프장	달성군 구지면 평촌리	18	표준
152	대구	가창파크골프장	달성군 가창면 옥분리	18	표준
153	대구	강창파크골프장	달성군 다사읍 매곡리	18	표준
154	대구	성서5차산업단지	달성군 다사읍 세천리	9	기본
155	대구	하빈파크골프장	달성군 하빈면 봉촌리	27	대형
156	대구	달성보파크골프장	달성군 논공읍 남리	18	표준
157	대구	원오교파크골프장	달성군 현풍면 원교리	18	표준
158	대구	화원 진천파크골프장	화원읍 구라리	18	표준
159	대구	구지1호근린공원	달성군 구지면 내리	18	표준
160	대구	과학관공원 파크골프장	달성군 유가읍 상리	9	기본
161	대구	유가한정파크골프장	달성군 유가읍 한정리	18	표준
162	대구	논공 위천파크골프장	달성군 논공읍 위천리	36	대형
163	부산	삼락다이나믹	사상구 삼락동	36	대형
164	부산	삼락18파크골프장	사상구 삼락동	18	표준
165	부산	화명파크골프장	북구 화명동	54	초대형
166	부산	대저생태공원파크골프장	강서구 대저1동	54	초대형

167	부산	기장파크골프장	기장군 정관읍 모전리	6	기본
168	부산	사암파크골프장	강서구 신호공단	18	표준
169	부산	삼락9&9파크골프장	사상구 삼락동	18	표준
170	부산	범밤파크골프장	강서구 범방동	18	표준
171	부산	강변파크골프장	사하구 을숙도대로	9	기본
172	부산	오륜파크골프장	금정구 오륜동	9	기본
173	부산	신호파크골프장	강서구 신호산단로	9	기본
174	울산	동천 파크골프장	중구 남외동	27	대형
175	울산	진장 파크골프장	북구 진장동	27	대형
176	울산	쇠평파크골프장	동구 남목3동	18	표준
177	울산	남구 태화강 파크골프장	남구 신정동	36	대형
178	울산	남구 대공원 파크골프장	남구 대공원로	18	표준
179	울산	울주군 청량 파크골프장	울주군 청량읍 덕하리	18	표준
180	울산	울주군 범서 파크골프장	울주군 범서읍 천상리	18	표준

4. 충청권 (충북/충남/대전/세종)

No	지역	파크골프장명	주소 (상세번지 제외)	홀수	규모
1	대전	유성구 갑천파크골프장	유성구 탑립동	36	대형
2	대전	을미기파크골프장	대덕구 대덕대로1448번길	18	표준
3	대전	태평-버드내파크골프장	중구 태평동	18	표준
4	대전	유등파크골프장	서구 만년동	27	대형
5	세종	오가낭파크골프장	세종시 한누리대로	9	기본
6	세종	한솔파크골프장	세종시 가람동	9	기본
7	세종	조천파크골프장	조치원읍 새내22길	9	기본
8	세종	부강파크골프장	부강면 금호리	16	표준
9	세종	중앙공원파크골프장	연기면 세종동	9	기본
10	세종	대평파크골프장	세종시 대평동	9	기본
11	세종	금강파크골프장	세종시 세종동	36	대형
12	충남	홍성군파크골프장	홍성군 홍성읍 충서로	18	표준
13	충남	천안도솔파크골프장	천안시 동남구 천안대로	18	표준
14	충남	천안한들파크골프장	천안시 서북구 음봉로	18	표준
15	충남	천안풍세파크골프장	천안시 동남구 풍세면 용정리	18	표준
16	충남	천안풍세천파크골프장	천안시 풍세면 풍서천	18	표준
17	충남	천안백석골프장	천안시 서북구 유봉로	36	대형
18	충남	서천군노인복지관	서천군 종천면 충서로	18	표준
19	충남	무한천파크골프장	예산군 예산읍 주교리	36	대형

20	충남	부여파크골프장	부여군 부여읍 군수리	54	초대형
21	충남	계룡시파크골프장	계룡시 신도안면 정장리	36	대형
22	충남	당진해나루파크골프장	당진시 석문면 통정리	36	대형
23	충남	상록파크골프구장	당진시 송악읍 두곡공단로	18	표준
24	충남	한진파크골프구장	당진시 송악읍 신복운로	9	기본
25	충남	삽교파크골프구장	당진시 신평면 삽교호	9	기본
26	충남	곰나루파크골프장	공주시 웅진동	36	대형
27	충남	전원파크골프장	서산시 대산읍 운산리	18	표준
28	충남	서산시파크골프장	서산시 양대동	36	대형
29	충남	서산나이스파크골프장	서산시 음암면 바위백이길	18	표준
30	충남	백세파크골프장	청양군 청양읍 은천동길	36	대형
31	충남	금산군파크골프장	금산군 제원면 수당리	36	대형
32	충남	곡교천파크골프장	아산시 권곡동	18	표준
33	충남	둔포파크골프장	아산시 둔포면 석곡리	9	기본
34	충남	이순신파크골프장	아산시 염치읍 석정리	36	대형
35	충남	도고파크골프장	아산시 도고면 신언리	9	기본
36	충남	태안파크골프장	태안군 태안읍 기업도시로	36	대형
37	충남	논산시(신규)파크골프장	논산시 성동면 원봉리	36	대형
38	충남	논산시파크골프장	논산시 대교동	27	대형
39	충남	강경파크골프장	논산시 강경읍 금백로	27	대형
40	충남	연산파크골프장	논산시 연산면 표정리	9	기본

41	충남	가야곡파크골프장	논산시 가야곡면 덕은로	9	기본
42	충남	탑정파크골프장	논산시 부적면 탑정리	18	표준
43	충남	보령파크골프구장	보령시 웅천읍 오천리	18	표준
44	충북	청주 미호강 파크골프장	청주시 흥덕구 미호로	36	대형
45	충북	청주 장애인 파크골프장	청주시 흥덕구 미호로	18	표준
46	충북	청주 오송 파크골프장	청주시 흥덕구 오송읍	9	기본
47	충북	청주 호미골 파크골프장	청주시 상당구 용정동	9	기본
48	충북	충주호 파크골프장	충주시 목행동	54	초대형
49	충북	충주 단월 파크골프장	충주시 단월동	18	표준
50	충북	증평 파크골프장	증평군 증평읍 (환경개선)	9	기본
51	충북	수안보온천 파크골프장	충주시 (수안보체육공원)	27	대형
52	충북	대소원 파크골프장	충주시 대소원면 새터2길	18	표준
53	충북	충주 장애인 파크골프장	충주시 창현로	9	기본
54	충북	음성 생극 파크골프장	음성군 생극면 신양리	18	표준
55	충북	제천 청풍호파크골프장	제천시 금성면 신담길	18	표준
56	충북	단양 파크골프장	단양군 단양읍 별곡리	18	표준
57	충북	괴산파크골프장	괴산군 괴산읍 임꺽정로	18	표준
58	충북	진천파크골프장	진천군 진천읍 장관리	18	표준
59	충북	음성 금왕파크골프장	음성군 금왕읍 오산리	18	표준
60	충북	음성 맹동파크골프장	음성군 맹동면 동성리	9	기본
61	충북	오송KTX파크골프장	청주시 오송읍 오송리	36	대형

5. 전라/제주권 (광주/전남/전북/제주)

No	지역	파크골프장명	주소 (상세번지 제외)	홀수	규모
1	광주	대상파크골프장	북구 월출동	18	표준
2	광주	효령파크골프장	북구 하서로	9	기본
3	광주	염주파크골프장	서구 금화로	9	기본
4	광주	광산구 서봉파크골프장	광산구 서봉동	36	대형
5	광주	첨단체육공원 파크골프장	광산구 쌍암동	9	기본
6	광주	덕흥파크골프장	서구 덕흥동	9	기본
7	광주	무등산파크골프장	동구 남문로	9	기본
8	광주	승촌파크골프장	남구 승촌동	36	대형
9	광주	북구파크골프장	북구 연제동	18	표준
10	전남	부주산국제파크골프장	목포시 부주로	27	대형
11	전남	삼학도파크골프장	목포시 산정동 삼학도	9	기본
12	전남	서해파크골프장	목포시 연산동	9	기본
13	전남	상동파크골프장	목포시 상동	9	기본
14	전남	남해파크골프장	목포시 연산동	9	기본
15	전남	실내체육관파크골프장	목포시 상동	9	기본
16	전남	북항파크골프장	목포시 북항	9	기본
17	전남	서면파크골프장	순천시 서면 강청리	9	기본
18	전남	상사파크골프장	순천시 상사면 응령리	13	표준
19	전남	혁신도시파크골프장	나주시 빛가람동	9	기본

20	전남	영산포파크골프장	나주시 삼영동	18	표준
21	전남	송월동파크골프장	나주시 성북동	9	기본
22	전남	광양시파크골프장	광양시 강변동길	18	표준
23	전남	담양제1파크골프장	담양군 담양읍 양각샛길	36	대형
24	전남	담양제2파크골프장	담양군 담양읍 양각리	18	표준
25	전남	곡성동악파크골프장	곡성군 죽동리	18	표준
26	전남	오곡파크골프장	곡성군 (오곡천변내)	9	기본
27	전남	구례군파크골프장	구례군 서시천로	9	기본
28	전남	보성미니파크골프장	보성군 보성읍 용문길	9	기본
29	전남	복내파크골프장	보성군 복내리	18	표준
30	전남	장흥파크골프장	장흥군 관산읍 옥당리	9	기본
31	전남	산이파크골프장	해남군 산이면 초두길	18	표준
32	전남	해남파크골프장	해남군 삼산면 봉학리	18	표준
33	전남	영암파크골프장	영암군 영암읍 영운재로	18	표준
34	전남	시종마한파크골프장	영암군 시종면 남해당로	18	표준
35	전남	삼호대불파크골프장	영암군 삼호읍 종합공원길	36	대형
36	전남	무안파크골프장	무안군 무안읍 성동리	18	표준
37	전남	남악파크골프장	무안군 심향읍 남악리	18	표준
38	전남	함평군파크골프장	함평군 함평읍 곤재로	36	대형
39	전남	한빛원자력파크골프장	영광군 홍농읍 성산리	36	대형
40	전남	불갑파크골프장	영광군 불갑면 방마리	18	표준

41	전남	장성군 A파크골프장	장성군 황룡면 월평리	9	기본
42	전남	장성군 B파크골프장	장성군 황룡면 신호리	9	기본
43	전남	고금파크골프장	완도군 고금면 농산리	9	기본
44	전남	운림삼별초파크골프장	진도군 의신면 사천길	18	표준
45	전북	마전교파크골프장	전주시 완산구 서신동	18	표준
46	전북	온고을파크골프장	전주시 덕진구 화전동	18	표준
47	전북	군산파크골프장	군산시 수송동로	18	표준
48	전북	어울림파크골프장	익산시 함영읍 칠복리	18	표준
49	전북	익산파크골프장	익산시 오산면 목천리	18	표준
50	전북	생강골파크골프장	완주군 봉동읍 낙평리	36	대형
51	전북	둔산파크골프장	완주군 봉동읍 둔산리	18	표준
52	전북	상관파크골프장	완주군 상관면 신리	18	표준
53	전북	이서파크골프장	완주군 이서면 용서리	27	대형
54	전북	비봉파크골프장	완주군 비봉면 소농리	18	표준
55	전북	고산파크골프장	완주군 고산면 읍내리	18	표준
56	전북	줄포파크골프장	부안군 줄포면 생태공원로	18	표준
57	전북	부귀파크골프장	진안군 부귀면 귀상로	18	표준
58	전북	진안파크골프장	진안군 진안읍 운산리	18	표준
59	전북	임실파크골프장	임실군 오수면 오수리	27	대형
60	전북	고창파크골프장	고창군 고창읍 월암리	18	표준
61	전북	청하파크골프장	김제시 청하면 강변로	18	표준

62	전북	무주파크골프장	무주군 설천면 상평지길	6	기본
63	전북	비비정파크골프장	완주군 삼례읍 후정리	18	표준
64	전북	신태인파크골프장	정읍시 신태인읍 신용리	36	대형
65	전북	순창군파크골프장	순창군 유등면 왜이리	18	표준
66	전북	남원파크골프장	남원시 (춘향골 체육공원)	18	표준
67	제주	회천파크골프장	제주시 와흘전1길	18	표준
68	제주	렛츠런파크골프장	제주시 애월읍 유수암리	18	표준
69	제주	강창학파크골프장	서귀포시 강정동	18	표준
70	제주	칠십리파크골프장	서귀포시 서홍동	18	표준
71	제주	월라봉파크골프장	서귀포시 신효동	9	기본
72	제주	남원파크골프장	서귀포시 남원읍 수망리	18	표준

저자 소개

장 명 훈

대전시립중·고등학교 체육 교사. 현재 대전대학교 스포츠과학과 겸임교수이자 대전과학기술대학교 겸임교수로 재직 중이다. 서울대학교 체육교육과 석사학위를 취득했으며, 현재 대전대학교 건강운동관리학 박사과정에 재학 중이다. 대한민국 액티브 시니어들의 건강과 체력 증진을 목표로 연구와 집필 활동을 이어가고 있다.

송 지 영

관저비기닝클럽 대표. 대전대학교 스포츠과학과 겸임교수 및 대전과학기술대학교 겸임교수로 출강 중이다. 파크골프 생활체육지도자 2급 자격, 30년간 탁구 선수 및 지도자 경력을 바탕으로 탁구, 파크골프 생활체육 분야의 교육 및 지도에 주력하고 있으며, 현장 중심의 실천적 지도활동을 이어가고 있다. 한국체육대학교에서 체육학 학사, 대전대학교에서 체육학 석사 학위를 취득했으며, 현재 대전대학교 건강운동관리학 박사과정에 재학 중이다. 건강한 생활체육 문화 조성과 지속 가능한 스포츠 공동체 형성을 꿈꾸고 있다.

이 순 영

한국코치협회 전문 코치이자 국제 자격 생활습관의학 전문인(Lifestyle Medicine Professional)으로서 건강습관 설계, 리더십 개발, 진로 설계 분야를 중심으로 강의, 코칭, 컨설팅을 수행하고 있다. 34년간 간호장교로 복무하며 임상 실무 및 교육, 간호관리 및 보건의료 정책 분야에서 다양한 직책을 역임했으며, 국군간호사관학교 간호학 교수로 재직했다. 국군간호사관학교를 졸업하고 미국 위스콘신대학교에서 간호학 석사, 한남대학교에서 의료경영학 석사를 취득했으며, 현재 대전대학교 건강운동관리학 박사과정에 재학 중이다. 건강행동 변화와 생활습관 중재 연구에 집중하며, 웰 리빙, 즉 잘 사는 삶을 위해 공감·치유·성장을 함께하는 동반자로서의 여정을 이어가고 있다.

정 하 진

제이이니셔티브 대표. 핸드파트너스 이사. 대전대학교, 인천대학교, 삼육대학교, 광운대학교 겸임교수로 출강하였으며, 기업진단 경영컨설턴트 전문 심사위원, 콘텐트 기획자, 심리상담, 코칭 전문가로 활동하고 있다. 호서대학교 창업학 석사를 취득했으며, 현재 대전대학교 건강운동관리학 박사과정에 재학 중이다. 벤처창업과 보드게임 기반 교육콘텐츠, 감정코칭을 접목한 학습 설계를 통해 새로운 방식의 교육컨텐츠 개발과 실천적 학습모델 구축에 도전하고 있다.

김 창 환

대전대학교 스포츠건강재활학과, 파크골프학과 교수로 재직 중이다. 한국체육대학교 체육학과에서 박사학위를 취득했으며, 대한카누연맹 스포츠과학연구위원회 위원장, 대전광역시 체육회 스포츠과학센터 자문위원, 대한파크골프협회 대학협의회 부의장으로 활동 중이며, 대전대학교 파크골프학과를 개설하여 파크골프의 학문적 발전과 보급에 집중하고 있다.

파크골프의 정석

파크골프 스마트하게 시작하고 품격있게 즐기기

인　쇄 | 2026년 1월 20일
발　행 | 2026년 1월 23일

대전대학교 부설 한국파크골프연구원
저　자 | 장명훈, 송지영, 이순영
정하진, 김창환

발행인 | 박상규
발행처 | **도서출판 보성**
전　화 | (042) 673-1511
E-mail | bspco@hanmail.net
등록번호 | 61호
ISBN 978-89-6236-259-6 13690

정가 20,000원